本书为教育部人文社会科学研究规划基金项目
"汶川地震灾区群众返贫风险防范与可持续发展研究"（18YJA710059）的最终成果

本书受教育部高校思想政治工作队伍培训研修中心（西南交通大学）资助

返贫风险防范
与可持续发展研究

以汶川地震灾区为例

RESEARCH ON RISK PREVENTION
AND SUSTAINABLE DEVELOPMENT OF
POVERTY ALLEVIATION

TAKING THE WENCHUAN EARTHQUAKE
STRICKEN AREA AS AN EXAMPLE

张利民 ——— 著

社会科学文献出版社
SOCIAL SCIENCES ACADEMIC PRESS (CHINA)

前 言
PREFACE

汶川地震灾区群众在 2008 年汶川特大地震中遭受了巨大的伤亡和财产损失。在党中央的坚强领导下，经过抗震救灾、灾后重建和脱贫攻坚，全党全军全国各族人民给予灾区群众全力的支援帮扶和如潮大爱。从中央迅速决策到各地方坚定执行，从不惜一切代价抢救生命到想尽一切办法安置群众，从一省帮一重灾县到三年重建任务两年基本完成，从精准扶贫到所有贫困人口全部脱贫，灾区群众虽历经磨难和血泪，但也切实感受到了社会主义大家庭的温暖，见证了社会主义制度的巨大优越性。短短几年时间，地震灾区就创造了从废墟上崛起的人间奇迹，实现了跨越几十年的快速发展。

但是汶川地震灾区大部分位于龙门山腹地和高山峡谷区，潜在山地灾害危险性大，人居环境适宜性差，经济发展受到局限。笔者于2016 年开始在汶川地震灾区进行"抗震救灾精神口述史"访谈，在访谈过程中，发现部分灾区群众因为综合复杂、不确定的因素而导致生活质量下降，乃至存在返贫的风险。虽然国内也有一些地方存在脱贫不稳固或发生返贫现象的情况，但是汶川地震灾区灾后重建这一举世瞩目并为世界惊叹的伟大工程，承载着党和国家的光辉形象以及人民群众利益的厚重寄托，绝不能让饱受苦难的灾区人民再次陷入贫困。

从原有的研究成果看，强调重建过程中以人为本、民生优先，保障灾区经济和群众生产生活可持续发展的研究成果特别丰富。但是重建完成后，学术界对灾区经济的发展状况、灾区群众的生产生活等缺乏持续关注。正是基于对此现实问题的特别关注和对灾区人民的深厚情怀，笔者于2018年申报了教育部人文社会科学研究规划基金项目"汶川地震灾区群众返贫风险防范与可持续发展研究"，并成功获批。

本书在研究过程中，课题组成员克服诸多不利影响，争取尽可能多的机会深入灾区进行调研，收集相关资料，并潜心研究、积极撰写，终于在今天将研究成果汇集成册。本书着重研究和解决四个方面的问题。

第一，深入分析了汶川地震灾区贫困的区域分布特征和贫困人口群体特征。以地震灾区2014年贫困人口建档立卡数据为基本依据，通过数据分析、社会调研等手段方法，从区域性和群体性两个方面详细描述了地震灾区区域贫困、群体贫困呈现的样态和特征。

第二，深刻揭示了汶川地震灾区贫困的诱因。基于对地震灾区贫困的区域分布特征和贫困人口群体特征的全面系统分析，深刻揭示了导致地震灾区贫困的深层次原因，但同时指出，脱贫攻坚对震后灾区返贫风险的抑制作用非常明显。

第三，对汶川地震灾区的返贫风险进行了科学评估。虽然由于脱贫攻坚发挥了积极作用，地震灾区的返贫现象并不突出，但在地震灾区，返贫原因和致贫原因具有高度吻合性，为了有效防止灾区返贫现象的发生，本书基于灾区的贫困现象和贫困原因，对灾区的返贫风险进行了科学评估。

第四，对汶川地震灾区返贫风险防范与可持续发展的对策进行了探讨。在返贫风险评估的基础上，对实现地震灾区可持续发展的原则、机制、路径和方法等方面进行了探究。

此书力图呈现以下特点。

第一，坚持学术性。坚持将汶川地震灾区的返贫问题和可持续发展问题作为一个专门的科学问题，全面、深入、立体、规范地开展研究。注重强化学理支撑，从社会学、地理学、政治学等多学科角度，注重资料的收集与整理，注重数据的分析和研判，注重论证的科学和严谨，注重表述的规范和准确。

第二，注重可读性。采用直观的图表、通俗化的语言，做到分析透彻、论证有力、深入浅出。形式上不局限于纯粹的文字表述，而是图文并茂，增强可读性。

第三，突出实效性。坚持研以致用，让学术研究为灾区群众服务，为灾区可持续发展和乡村振兴服务。既注重学术的严谨性和规范性，又注重对策的现实针对性和实效性，为国家和地方政府提供学理层面的支撑和依据，提供有前瞻性的技术支持和策略支持。

时光流转，山河安定。笔者特别希望通过相关研究，唤起社会对灾区群众的再度关注，不要让涅槃重生的灾区群众再受到贫困的伤害，也不要让他们再度失去来之不易的幸福生活。要防止灾区群众生活水平下降，就必须有后续乃至持续不断的政策支持和帮扶措施，在推动灾区可持续发展的基础上，挖掘和锻造灾区自身发展的特色和优势，提升灾区自我发展的内生动力，将外部帮扶和内生发展结合起来，从而达到遏制返贫的目标。笔者也特别希望通过相关研究，抛砖引玉，引发学界对乡村振兴时期灾区群众生产生活的持续深入研究，为灾区经济发展和民生改善提供对策和实现路径，帮助灾区群众生产生活水平持续稳步提升。让党的温暖和社会主义制度的巨大优越性在汶川地震灾区得到更充分的体现。

目　录
CONTENTS

内容摘要

本书以收集的大量汶川地震灾区贫困人口数据为基础，揭示了汶川地震灾区贫困人口区域总体分布特征、贫困村区域总体分布特征，以及区内 10 个国定贫困区市县贫困人口数量、贫困村数量和贫困发生率等方面的贫困特征；另外，从群众自身条件、经济影响因素、社会保障机制等方面揭示了贫困人口群体特征。

基于贫困区域分布特征和贫困人口群体特征的分析，指出了地形条件是汶川地震灾区产生区域贫困的重要原因，区位条件制约了区域经济发展，个体原因是灾区群众致贫的直接原因。由于国家开展脱贫攻坚战，实施大力帮扶政策，汶川地震灾区的返贫现象并不突出。但由于汶川地震灾区特殊的地理位置及经济发展状况，其存在返贫的风险。

在区域性返贫风险评估方面，选择三台县、昭化区等 8 个国定贫困县区为研究对象，开展精确到乡镇一级行政单元的返贫风险评估；对研究区内资料不够全面的其他 30 多个区市县，开展了以县域为单元的粗略评估。在个体性返贫风险评估方面，以乡镇为单位进行统计计算，从而得出县域范围内各乡镇贫困群众的返贫风险程度；并对健康缺陷型、能力缺陷型、发展意愿缺乏型等特定类型人员进行返贫风险评估。在综合性返贫风险评估方面，从四川省相对贫困量大、面宽、程度深，以及防返贫任务繁重、导致返贫风险发生的其他不利因素、抑制返贫风险发生的有利因素等方面对汶川地震灾区返贫风险进行综合分析评估。

为防范返贫风险发生，实现汶川地震灾区的可持续发展，应确立以风险预防为主、政策适当倾斜、对口特殊帮扶、发展以人为本、与乡村振兴相衔接等风险防范与可持续发展的原则。在返贫监测与防返贫帮扶机制方面，对返贫监测和防返贫帮扶机制等方面取得的成效进行总结，对返贫监测和防返贫帮扶机制等方面存在的问题及其原因进行分析，对提升返贫监测和防返贫帮扶机制精准性的对策提出建议，同时，提出了区域可持续发展的宏观对策、研究区 43 个区市县可持续发展的具体对策、个体可持续发展对策以及其他返贫风险防范与可持续发展对策。

第一章

绪论

一 研究背景

2008 年 5 月 12 日，四川汶川发生里氏 8.0 级特大地震，造成了重大的人员伤亡和财产损失。汶川地震是中华人民共和国成立以来破坏力最大的地震，也是唐山大地震后伤亡最严重的一次地震。四川作为汶川特大地震的重灾区，其受灾面积最广，伤亡人数最多，财产损失也最重，地震造成的直接经济损失高达 8451.36 亿元，其中，四川省直接经济损失 7717.7 亿元，占总损失的 91.3%。[①] 四川省 39 个重灾县中，有 31 个是国家扶贫开发工作重点县和省级扶贫开发工作重点县，其中有 2117 个村为贫困村。地震前，1587 个贫困村已完成了扶贫新村建设，但地震将多年的建设成果毁于一旦。[②] 汶川特大地震还造成了四川省 152 万名城乡劳动者失业、失地；灾区因灾致贫、返贫多，农户负债重，自我发展能力弱，地震及持续的次生灾害新增了不少贫困户，2516 个贫困村贫困发生率由灾前的 11.68% 上升到 34.88%。[③]

党中央领导全党全军全国各族人民，发扬"万众一心、众志成城，不畏艰险、百折不挠，以人为本、尊重科学"的抗震救灾精神全力抗震救灾。地震不到一个月，国务院便通过了《汶川地震灾后恢复重建条例》，确定了以人为本、民生为先、科学重建的原则；然后又颁布了《汶川地震灾后恢复重建对口支援方案》，创新性地提出"一省帮一重灾县，举全国之力，加快恢复重建"，明确要求 19 个省市以不低于 1% 的财力对口支援重灾县市 3 年。另外，国务院扶贫办还及时组织编制了《汶川地震贫困村灾后恢复重建总体规划》，指导地震灾区扶贫系统整合资源，将国家重建规划区内 4834 个贫困村纳入灾

① 汶川特大地震四川抗震救灾志编纂委员会编《汶川特大地震四川抗震救灾志（总述大事记）》，四川人民出版社，2018。
② 《四川地震灾区扶贫开发工作正有序推进》，中国新闻网，2009 年 9 月 23 日。
③ 《汶川地震灾区发展振兴规划（2011—2015 年）》（川府发〔2011〕26 号），四川省政府网，2011 年 8 月 5 日。

后恢复重建工作。四川省扶贫系统也及时编制了 39 个县 2516 个贫困村的四川省汶川地震贫困村灾后恢复重建总体规划，并纳入国家总体规划；同时编制了《四川省非国家规划区贫困村灾后恢复重建项目建议书》。在党中央的统一领导下，在其他省市和社会力量的大力援助下，经过 2 年多的日夜奋战，到 2010 年 9 月底，灾后恢复重建工作取得了显著成效，3 年规划重建任务在 2 年内基本完成。四川成功解决了 540 万户 1200 多万城乡居民的住房修建问题，提前一年实现了"家家有房住"；妥善解决了 20 万失地农民异地安置问题，帮助 170 多万受灾群众实现就业，基本实现了"户户有就业"；对因灾而导致的 9524 户困难家庭，1449 名孤老、孤儿、孤残人员，以及 2.7 万余名地震伤残人员从政策、制度和工作上给予帮扶和救助，基本做到了"人人有保障"。① 灾区城乡基础设施建设较地震前发生了翻天覆地的变化，很多地方超前建设发展 20 年甚至是 50 年。曾经满目疮痍的重灾区和贫困乡村，变成了一个个美丽的花园城市、田园小镇，交通、教育、医疗、卫生、娱乐等惠民基础设施规划整齐、配套完备，不少地方达到了国内一流水平。地震灾区恢复重建的硕果，告慰了大地震逝去的生命，也见证了创造奇迹的中国力量。

但是，汶川地震灾区大多属于自然灾害频发、生态脆弱、经济脆弱的贫困山区。灾区群众灾后生活的极大改善在很大程度上并不是依靠自身的内生力，更主要的是得益于国家和社会大力扶持的外来力。因此，这些地区的发展和群众生活的改善一开始就带有脆弱性，有不少群众基于多重因素面临着返贫的风险。受灾群众的基本生活和公共服务设施在灾后虽然得到了优先保障，但是，灾后重建毕竟是一个极其庞大复杂的系统工程，有些工程很难在短时间内完成，有些工程由于受到地理区位、经济基础、结构调整、人力资源、环境影响等方面的局限，很难达到预期成效。比如，有些灾区由于区位条件差，栽下

---

① 汶川特大地震四川抗震救灾志编纂委员会编《汶川特大地震四川抗震救灾志（灾后重建）》，四川人民出版社，2018。

了"梧桐树"却引不来"金凤凰"，招商引资非常困难；有些灾区以重建为契机加快推进城乡统筹综合改革，推进城乡一体化发展，基础设施实现了城乡一体化，但城乡就业并未实现一体化，城乡产业发展一体化也很难实现；有些灾区次生灾害频发、严重；还有些灾区群众基于年龄、身体状况、就业能力、家庭负担等方面的原因入不敷出。

到了 2016 年，汶川特大地震已过去 8 年，10 个被大力帮扶过的极重灾区中的 5 个，即汶川县、北川羌族自治县（后文简称北川县）、平武县、青川县和茂县，它们的名字依然出现在四川省 88 个贫困县名单之中。青川县，作为秦巴山连片特困地区的贫困县，2014 年建档立卡时，贫困村有 79 个，贫困户 10323 户，贫困人口多达 31295 人，建档立卡贫困人口和贫困村不仅居 10 个地震极重灾区之首，而且贫困发生率近 15%，返贫现象突出。根据 2017 年西南财经大学中国西部经济研究中心的调查数据，43.4% 的汶川县农村居民曾因灾受伤医治，9.6% 的人口因灾残疾。① 北川县在脱贫攻坚战开始后，以每年脱贫四五千人的规模快速推进。但是脱贫的群众致富能力不强，返贫风险比较高。2018 年 1~5 月北川县动态管理拟返贫的有 2 户 6 人，6 月有 5 户 16 人；截至 2019 年 7 月，北川县临界返贫的有 99 户 264 人。② 复杂、不确定的因素导致产生灾区群众生活质量下降乃至返贫风险。

新时代，我国社会的主要矛盾已经转变为人民日益增长的美好生活需要和不平衡不充分发展的矛盾，只有实现经济高质量发展，才能推动中国经济的可持续发展，才能解决发展不平衡不充分的问题，满足人民日益增长的美好生活需要。具体到汶川地震灾区的经济发展情况，可以说经过灾后恢复重建和全国范围内实施的脱贫攻坚，汶川地

---

① 候蔺：《农村居民健康与人口经济贫困问题研究——以四川省汶川县为例》，《四川农业科技》2017 年第 8 期。

② 张文、乔栋：《脱贫攻坚，摘帽不摘监管——"贫困帽再也不想戴"》，《人民日报》2019 年 7 月 18 日。

震造成的破坏性影响在逐渐逝去，经济发展基本恢复了常态，但要实现地震灾区的高质量发展和可持续发展，依然存在不少问题。2018年，国家发布了《中共中央、国务院关于实施乡村振兴战略的意见》，为灾区实现发展振兴提供了可持续的政策支持。

本书试图从学理的角度，深入分析汶川地震灾区群众区域性贫困特征和个体性贫困特征，探究贫困原因并进行返贫风险评估，最后提出返贫风险防范和可持续发展对策，防止已经走出地震阴霾、重获新生的灾区群众返贫，助力实现汶川地震灾区的可持续发展和高质量发展。

二　研究目的

通过对汶川特大地震灾区自然条件、地理区位以及群众生产生活的详尽调查，分析灾区群众的贫困特征，了解有可能导致灾区群众返贫风险产生的原因并进行风险评估，找出灾区群众返贫风险的防范对策，服务于国家政策制定、地方可持续发展和灾区群众生产生活水平的稳步提升。

本书具体研究目的包括以下几方面。

（1）通过对汶川地震灾区各区市县建档立卡贫困户资料的详尽分析比对，总结归纳灾区群众贫困的区域特征。

（2）通过对汶川地震灾区各区市县建档立卡贫困户资料的详尽分析比对，总结归纳灾区群众贫困的群体特征。

（3）从地形条件、区位条件和个体原因等方面分析导致地震灾区群众贫困的原因。

（4）对地震灾区脱贫攻坚的成效以及对返贫的抑制作用进行总结、分析。

（5）对地震灾区的区域性返贫风险和个体性返贫风险进行分类评估。

（6）探究地震灾区群众返贫风险防范以及实现灾区可持续发展的原则、路径和方法等。

三　研究价值

（一）学术价值

（1）汶川特大地震灾区群众这一特定对象以及灾区群众的返贫风险防范和可持续发展问题，体现了很强的理论需要和理论价值。从以往的研究成果看，在研究抗震救灾、灾后重建过程中，坚持以人为本、民生优先，充分保障灾区群众的切身利益，保障灾区经济和群众生产生活可持续发展的研究成果特别丰富。但是，抗震救灾和灾后重建任务完成后，学术界对灾区经济的发展状况、灾区群众的生产生活等缺乏持续性关注，相关研究比较少，尤其聚焦灾区群众返贫风险防范的研究更少。当前，亟须对这个问题进行理论上的系统梳理和研究，并结合灾区群众生产生活、脱贫攻坚和乡村振兴战略等进行理论上的提升，为防返贫理论和可持续发展理论提供新的研究视角，丰富其研究内容。

（2）汶川地震灾区群众作为曾经的自然灾害受害者，或是曾经的贫困群体，对于今天来之不易的幸福生活显然倍加珍惜、无比热爱，但是在新生活背景下，灾区群众生活期望值的附带提升以及各种消费的叠加开支，成为这一特殊群体返贫风险产生的特有现象。"人民日益增长的美好生活需要和不平衡不充分的发展之间的矛盾"这一新时代的主要矛盾，在汶川地震灾区表现得更为突出。另外，相比全国其他很多地方，汶川地震灾区的经济发展、社会保障、发展潜力等还有很多不足；频发、严重的次生灾害等也在严重影响着当地群众的生产生活，这些现象和矛盾的解决都特别需要学理上的分析和支持。

（3）理论要为实践和决策服务，本书以官方统计并公布的地震灾区群众贫困人口数量和分布情况为基本依据，分析总结了汶川地震灾区重点区市县的区域性贫困特征和个体性贫困特征，对导致地震灾区群众贫困的原因进行了分析，对返贫风险进行了评估，并建构了防止灾区群众返贫和实现可持续发展的理论框架。以上相对基础和系统的研究可以为国家和地方政府制定针对灾区群众的后续指导政策、进行后续的帮扶实践、提升灾区和灾区群众的自我发展能力等，提供基础性的理论支撑。

（二）应用价值

（1）灾区群众返贫风险防范和可持续发展研究，可以为国家和地方政府提供有前瞻性、针对性和有效性的应对策略和路径。汶川地震灾区的发展和群众生活的改善一开始就带有脆弱性，很容易产生返贫风险。要防止灾区群众生活水平下降，就必须有后续乃至持续不断的政策支持和帮扶措施，在推动灾区可持续发展的基础上，挖掘和锻造灾区自身发展的特色和优势，提升灾区自我发展的内生动力，将外部帮扶和内生发展结合起来，从而达到遏制返贫的目标，为灾区经济发展和民生改善提供对策和实现路径。

（2）灾区群众返贫风险防范和可持续发展研究可以为灾区防返贫和可持续发展政策的制定和调整提供参考借鉴。虽然我国已经全面建成了小康社会，但汶川特大地震灾区有其特殊性。对凤凰涅槃、浴火重生的灾区群众来说，不能让他们历经苦难的心灵再受到贫困的伤害，也不能让他们再度失去来之不易的幸福生活。防止地震灾区群众返贫，巩固重建成果，实现灾区群众生产生活的可持续发展和高质量发展，需要从实践层面给予准确的战略定位、技术支持和策略支持。另外，灾区群众返贫风险防范是一个庞大的系统工程，涉及国家、社会、地方、个人等多个主体，涵盖经济、政治、科技、文化、教育、社会保障、防灾减灾等多个领域。如何让各个系统和机构之间达成共识，需要从学术层面为政策沟通协调提供相应的支撑和依据。

四　研究思路和研究方法

（一）研究思路

本书以 2014 年汶川地震重灾区市县贫困人口建档立卡数据为基

本依据，从以下几个方面进行系统分析。

（1）重点分析贫困人口和贫困村的地域分布情况，探讨地震灾区贫困的区域分布特征。

（2）重点分析建档立卡人群的群体贫困特征。

（3）在对贫困区域特征和贫困群体特征分析研究的基础上，对导致地震灾区贫困的原因进行探究。

（4）对汶川地震灾区的脱贫攻坚成效以及脱贫攻坚成效对返贫的抑制作用进行分析。

（5）从区域性和群体性两个方面对汶川地震灾区的返贫风险进行评估，并对其他有可能导致返贫风险发生的因素进行探讨。

（6）基于以上分析，提出汶川地震灾区返贫风险防范和可持续发展的原则、机制和对策。

（二）研究方法

1. 文献梳理与综合分析

汶川地震灾区群众贫困及返贫问题有非常特殊的历史背景、形成原因和特征表现。首先通过文献资料整理和比对，对其形成背景进行纵向梳理，对其形成原因进行文献考证和调查验证，对其特征表现进行综合分析。

2. 统计分析方法

主要利用地震灾区各类贫困村、贫困人口统计报表，展示分析统计数据。

3. 地理指数与空间分析法

以地理信息技术为支撑，以各类统计资料为依据，通过贫困人口空间分布图、贫困村空间分布图等方式描述贫困现象的空间分布特征；对汶川地震灾区的地形条件进行深度分析，揭示地形条件与贫困之间的因果联系，并构建适当的计算分析模型，考虑研究区的社会条件，对研究区的返贫风险做出定量评估。

（1）地理集中指数法

地理集中指数是表明某种现象在地域上集中程度的指标。在本书中利用该指标进行贫困村在县域是否存在集聚现象的探索。其公式为：

$$G = 100 \sqrt{\sum_{i=1}^{n} \left(\frac{x_i}{T} \right)^2} \qquad (1-1)$$

式中：G 代表地理集中指数，n 代表研究区内的区市县总数，x_i 代表研究区内第 i 个区市县的贫困村总数，T 代表研究区内贫困村总数，将贫困村在研究区内均匀分布时计算所得的地理集中指数记为 G_0。如果 $G>G_0$，则说明研究区内贫困村在区市县级呈现集中分布态势，且 G 越大分布越集中，反之分布越分散。

（2）空间扫描统计法

空间扫描统计法是一种基于移动扫描窗口对数据进行分析的方法。通过建立一个动态改变大小的移动的圆形窗口，在研究的范围内，对研究区域进行扫描。扫描窗口半径的选取，以圈内样本数占总样本数的比例来确定，从 0% 到 16% 逐步上升。针对每个圈，比较窗口内和窗口外的贫困村比例，如果圈内贫困村比例高于圈外，则认为贫困村在圈内存在集聚现象。

（3）核密度分析法

核密度分析是使用核函数根据点或折线要素计算单位面积的量值，以将各个点或折线拟合为光滑锥状表面，由此可以看出属性值在研究区域内的密度分布情况。

（4）数学模型分析法

针对贫困易发性评估及乡村功能区的识别，分别构建相应的数学模型，考虑研究区的社会条件，对其做出定量计算与评估。

4. 口述访谈

口述访谈对象包括汶川地震极重灾区汶川县、北川羌族自治县、都江堰市、茂县、安州区（原安县）、绵竹市、什邡市等县市（区）的扶贫移民局、民政局等单位相关工作人员，以及精准扶贫一线工作者和被帮扶的贫困群众。通过与各类群体的深入交流，笔者详细了解了当地灾后重建、脱贫攻坚等工作的开展情况，贫困群众面临的主要困境，以及当地政府相关部门的现实做法等。通过对口述访谈资料的挖掘整理，在对各种现象进行分析的基础上，归纳揭示汶川地震灾区群众致贫返贫的原因，对返贫风险进行合理评估，并探索返贫风险防范和可持续发展的对策。

五 研究区域的界定和资料收集

（一）研究区域的界定

汶川地震波及范围广，极重灾区共 10 个县（市）、较重灾区共 41 个县（市、区）、一般灾区共 186 个县（市）。极重灾区 10 市县包括汶川县、茂县、都江堰市、彭州市、什邡市、绵竹市、安州区、北川羌族自治县、平武县和青川县，它们全部位于四川省境内，在地震中损失惨重，其中，汶川县、北川羌族自治县、平武县、青川县、茂县等县当时就是国定贫困县。较重灾区的 41 个县（市、区）中四川省有 29 个，即理县、江油市、广元市利州区、广元市朝天区、广元市旺苍县、苍溪县、梓潼县、绵阳市游仙区、德阳市旌阳区、小金县、绵阳市涪城区、罗江县、黑水县、崇州市、广元市剑阁县、三台县、阆中市、盐亭县、松潘县、芦山县、中江县、广元市元坝区、大邑县、宝兴县、南江县、广汉市、汉源县、石棉县、九寨沟县。本书主要以四川省境内的 10 个极重灾区和 29 个较重灾区为研究对象，但因为雅安市的荥经县、天全县、名山区和雨城区 4 个县区是 2008 年汶川特大地震的一般灾区和 2013 年雅安地震的重灾区，又因为它们与其他汶川地震重灾区在地理上相邻，故把这 4 个县区也作为研究对象。

（二）研究资料的收集

为了获取更多的资料，笔者在四川省极重灾区和重灾区、国定贫困县市等范围内开展了广泛的调查研究，收集抗震救灾、灾后重建、建档立卡、脱贫攻坚等相关资料；登录各县市政府网站，查询、收集、对比与本研究相关的权威信息；在图书馆查阅相关文献，对文献进行遴选与梳理。

有关贫困人口、贫困村的相关数据来源于四川省、各市县相关部门的扶贫工作公示情况、互联网查询及各类扶贫工作的新闻报道，并利用各类数据源相互验证确认；地图数据来源于地理空间数据云；其他各类社会经济数据主要来源于各地的统计年鉴。

收集以上资料为开展相关研究工作做好了充分准备。在研究过程中，始终坚持将官方数据资料和访谈资料、文献资料进行相互比对和印证，尽可能使研究过程更符合客观事实，使研究成果具有现实针对性。

六　数据来源和有关概念的说明

本书使用的建档立卡数据均为 2014 年建档立卡数据。根据四川省扶贫开发领导小组文件印发的《四川省扶贫开发建档立卡工作实施方案》（川开发办〔2014〕2 号），以 2013 年底人均收入 2736 元为基准线进行贫困人口识别。

（一）建档立卡贫困村

建档立卡贫困村是指脱贫攻坚开始前无集体经济收入、全村农民人均收入明显低于全省平均水平、贫困发生率明显高于全省贫困发生率的行政村。贫困村的确定由村民委员会申请，经乡镇、县、地级以上人民政府逐级审查后，报省人民政府扶贫开发主管部门批准，并向社会公布。确定贫困村的主要依据是村贫困发生率、贫困人口数量、路网等基础设施建设情况、教育医疗水平、集体经济发展情况、是否有支柱产业以及扶贫工作开展情况等，兼顾革命老区、少数民族县（乡）等综合指标。四川省所确立的贫困村识别标准为"一高一低一无"，即行政村贫困发生率比全省贫困发生率高 1 倍以上，行政村 2013 年全村农民人均纯收入低于全省平均水平的 60%，村镇无集体经济收入。

（二）建档立卡贫困户

建档立卡贫困户，是指脱贫攻坚开始前各地将扶贫开发和农村最低生活保障制度进行有效衔接，把人均纯收入低于当年国家农村扶贫标准的家庭确定为建档立卡贫困户，建档立卡贫困户所有家庭成员都是建档立卡贫困人口。根据《四川省扶贫开发建档立卡工作实施方案》的相关规定，识别时，以农户基本收入为依据，综合考虑健康、教育、住房等情况，通过村民自治、群众参与、民主评议、逐级审核和公示公告的方式进行。贫困户建档立卡的主要目的是精准识别贫困对象，摸清其贫困程度、贫困原因、家庭情况和个体意愿，实现对贫困户的动态监测和针对性帮扶，搭建社会、企业、政府以及贫困户共同参与的扶贫信息共享平台。

（三）贫困发生率

贫困发生率首先是由英国的本杰明·西伯姆·朗特里于 1901 年提出的，指的是低于贫困线的人口占全部人口的比例。其公式为，

$$H=\frac{Q}{N}\times100\% \tag{1-2}$$

式中：H 代表贫困发生率，Q 代表当年贫困标准的人数，N 代表当年参与统计的总人口数。

（四）贫困人口密度

贫困人口密度是指行政区划内贫困人口总数与其总面积的比例，

其公式为：

$$\rho = \frac{Q}{S} \tag{1-3}$$

式中：ρ 代表贫困人口密度，Q 代表当年贫困标准的人数，S 代表所统计行政区域的总面积。

（五）返贫现象

汶川地震灾区贫困群众在脱贫之后受到外界的关注和支持减少，在各种不确定因素作用下有可能返贫，一些非贫困户也可能因各种原因进入贫困户行列。在汶川地震后恢复重建和精准扶贫期间，各级政府敏锐地注意到这一现象，多次组织"回头看"活动，并进行拉网式排查，发现了大量返贫群众。返贫现象的发生会危及灾后重建和脱贫攻坚取得的巨大成果，反复出现的返贫现象会使基层工作人员和贫困家庭滋生畏难心理，或者丧失脱贫信心，从而给巩固灾后重建和脱贫攻坚成果带来严峻挑战。

（六）返贫风险

返贫风险指的是在各类贫困诱因的共同作用下，研究区内的群众陷入贫困陷阱可能性的大小。陷入贫困陷阱的可能性越大，返贫的风险越高；陷入贫困陷阱的可能性越小，返贫的风险越低。

第二章

贫困的区域分布
特征

一　贫困人口的区域总体分布特征

（一）贫困人口数量的空间分布

从贫困人口数量上看，汶川地震重灾区市县中贫困人口数量差异较大。

都江堰市、彭州市、崇州市、大邑县、什邡市、绵竹市、广汉市地处盆地边缘，自然条件非常优越，社会经济基础好，省级建档立卡的贫困人口数量为0；游仙区和旌阳区分别是两个地级城市绵阳市和德阳市的主城区，同样属于自然条件和社会经济条件优越的地区，其省级建档立卡贫困人口数量亦为0。但是，这并不意味着这些地方就没有贫困现象。这些地方在精准扶贫工作中，适当降低了贫困人口的认定标准，称为"相对贫困人口"，并精准识别出了大量相对贫困人口作为扶贫工作的对象。2014年，都江堰市识别出747户2400人的相对贫困人口；彭州市识别出651户相对贫困户；崇州市识别出460户1500多人的相对贫困人口；大邑县识别出6700多户1.2万人的相对贫困人口。这些相对贫困人口存在一定程度上的集聚现象，有19个行政村被认定为相对贫困村；广汉市的相对贫困人口较多，共有11352户23361人。隶属于德阳市的绵竹市、什邡市和旌阳区的相对贫困人口数量较多，绵竹市有11720户19619人的相对贫困人口，还存在6个市级相对贫困村；什邡市有7831户15014人的相对贫困人口，存在4个市级相对贫困村；旌阳区有13850人被认定为相对贫困人口，其市级相对贫困村达43个。隶属于绵阳市的游仙区最终认定相对贫困人口391户861人，区级贫困村16个。

荥经县、石棉县、芦山县、宝兴县、汶川县、茂县、理县、松潘县、九寨沟县、涪城区等地的贫困人口总数在0.3万~0.8万人；黑水县、天全县、小金县、罗江县、名山区、雨城区的贫困人口在1万~1.6万人；平武县、北川羌族自治县、梓潼县、利州区等地的贫困人口在 1.9 万~2.3 万人；安州区、朝天区、盐亭县的贫困人口在 2.3 万~2.8 万人；江油市、青川县、昭化区和汉源县的贫困人口在 3 万~3.5 万人；旺苍县、阆中市贫困人口总数在 5 万~6 万人；三台县、中江县、南江县的贫困人口 8 万~9 万人；剑阁县、苍溪县的贫困人口达 9 万~10 万人。

图 2-1 是根据各区市县贫困人口数量由低到高制作的贫困人口分布图。结合各区市县的地理位置分析得知，位于盆地边缘的区市县和盆周的山区县贫困人口总数较少，而位于川东丘陵地区的贫困人口总数较多，贫困人口数量较多的区市县呈连片分布。

（二）贫困发生率的空间分布

将贫困人口总数与总人口做比对，得到各区市县贫困发生率分布（见图 2-2）。从图 2-2 中可看出，各区市县的贫困发生率有较大的差异。

都江堰市、彭州市、崇州市、大邑县、什邡市、绵竹市、广汉市、游仙区的省级贫困发生率为 0，涪城区的贫困发生率也比较低，仅有 0.83%。如前所述，这些区市县中也存在一定数量的市级相对贫困人口，其占比总体来说也比较低，例如，崇州市的市级贫困发生率为 0.2%，都江堰市为 0.3%，大邑县为 2.5%，绵竹市为 3.6%，广汉市为 3.9%，什邡市为 4.9%，旌阳区为 5.1%。

江油市、梓潼县、安州区、罗江县等地的贫困发生率在 4.6%~6.2%；中江县、荥经县、雨城区、名山区、汶川县的贫困发生率在 6.5%~7.2%；石棉县、芦山县、宝兴县的贫困发生率在 8%~8.9%；茂县、三台县、天全县、盐亭县、阆中市、汉源县的贫困发生率在 9.3%~10.5%；九寨沟县、苍溪县、利州区、理县、平武县的贫困发生率在 12%~12.8%；朝天区、松潘县、北川羌族自治县的贫困发生率在 13.4%~14.1%；南江县、旺苍县、昭化区、剑阁县的贫困发生率在 14.4%~15.5%；青川县、小金县、黑水县的贫困发生率则非常高，分别达到 16.6%、17.6% 和 18.7%。

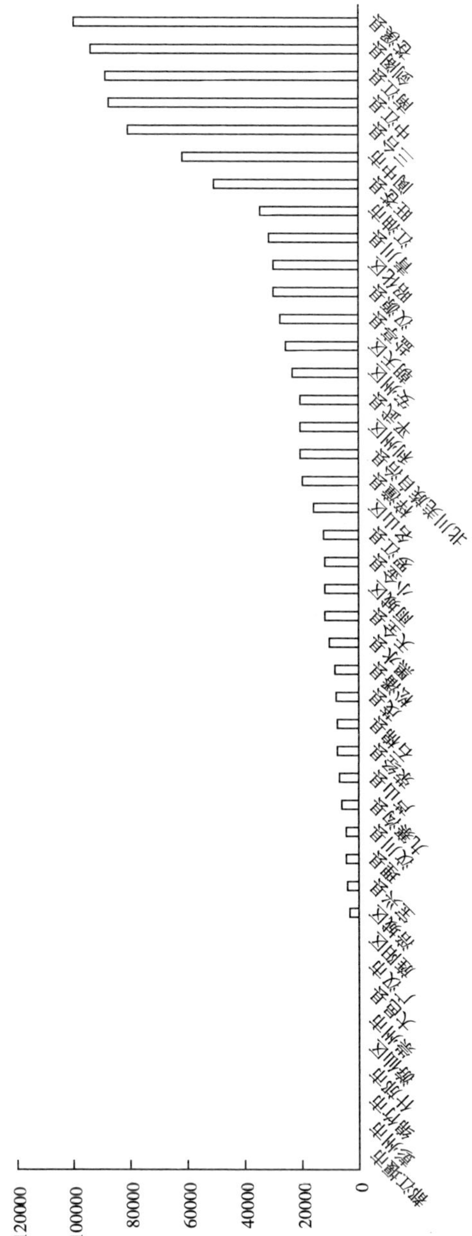

图2-1 2014年研究区内各区市县贫困人口数量分布

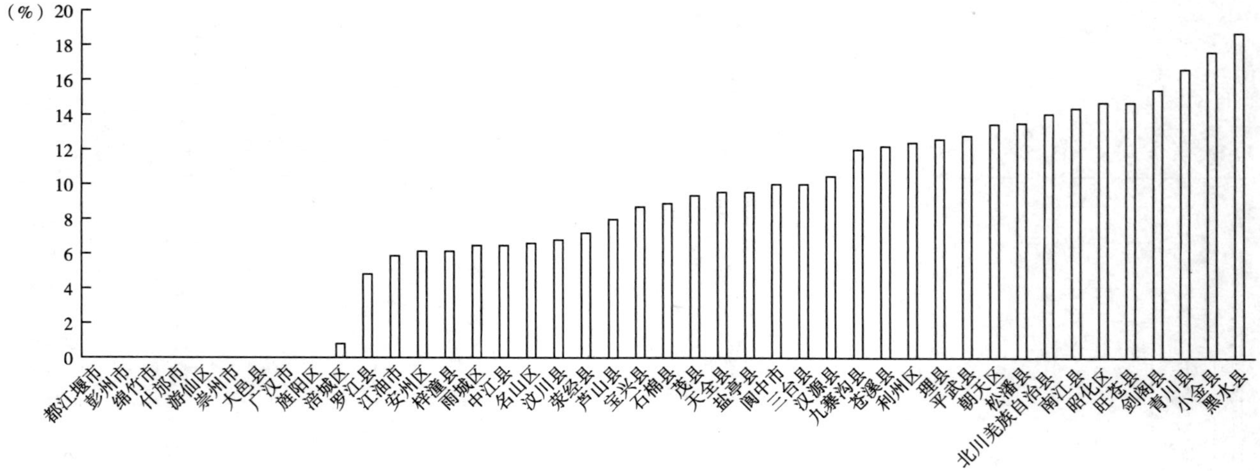

图2-2　2014年研究区内各区市县贫困发生率分布

整体来看，位于盆地边缘和盆周边缘的区市县贫困率比较低，位于川西北高原地区和川东丘陵地区的市县贫困率普遍比较高。

（三）贫困家庭人口规模分析

表2-1是部分区市县贫困家庭人口规模统计资料，由表中数据可看出各地贫困家庭规模差异不大。贫困家庭规模最小的在荥经县，户均2.54人；规模最大的在茂县，户均3.83人。研究区内总体平均规模为3.19人/户。

表2-1 部分区市县贫困家庭人口规模

单位：人/户

区市县	贫困家庭规模	区市县	贫困家庭规模
雨城区	3.07	朝天区	3.44
名山区	2.89	旺苍县	2.96
荥经县	2.54	青川县	3.07
汉源县	3.40	剑阁县	2.84
石棉县	3.42	苍溪县	3.11
天全县	3.35	北川县	2.94
芦山县	3.25	平武县	2.80
宝兴县	3.20	茂　县	3.83
利州区	3.51	汶川县	3.31
昭化区	3.40	安州区	3.56

（四）贫困人口密度的空间分布

将贫困人口总数与行政区划面积做比对，得到各区市县贫困人口密度分布（见图2-3）。由图2-3可看出，各地贫困人口密度有较大的差异。松潘县、理县、九寨沟县、汶川县等地地广人稀，贫困人口密度在1人/平方公里；石棉县、宝兴县、芦山县、汶川县、茂县、平武县等地的贫困人口密度较低，为1~3.5人/平方公里；天全县、

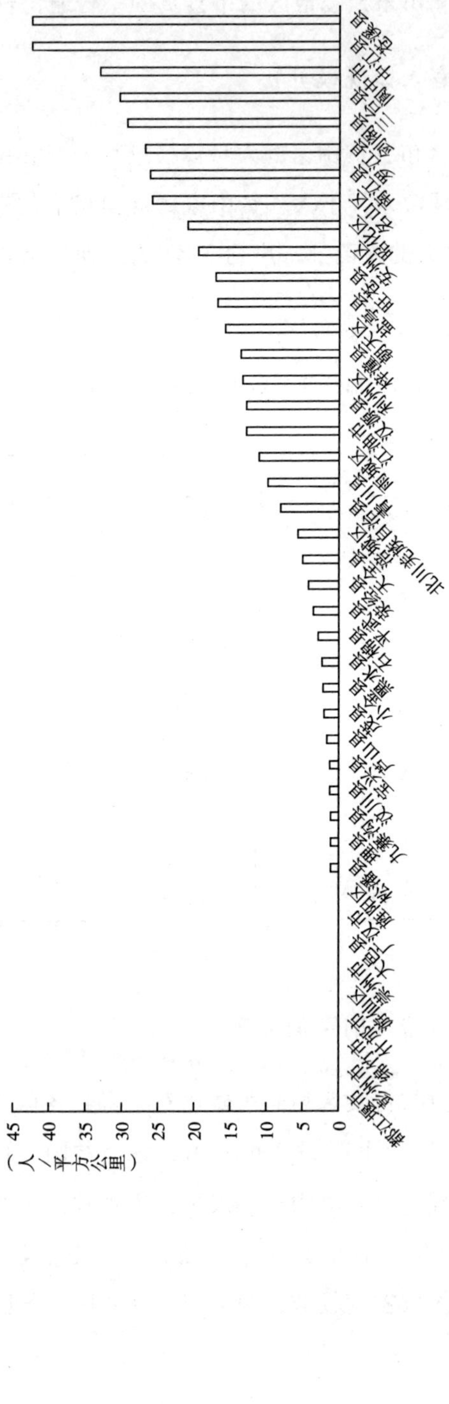

图2-3　2014年研究区内各区市县贫困人口密度分布

荥经县、涪城区的贫困人口密度在 4~6 人/平方公里；汉源县、雨城区、北川羌族自治县、江油市、梓潼县、青川县、利州区等地的贫困人口密度在 8~14 人/平方公里；安州区、朝天区、昭化区、旺苍县、盐亭县等地的贫困人口密度在 15~21 人/平方公里；名山区、三台县、剑阁县等地的人口密度在 25~30 人/平方公里；都江堰市、彭州市、什邡市、绵竹市、大邑县、广汉市、旌阳区和游仙区的贫困人口密度为 0；苍溪县、中江县最高，贫困人口密度达 42 人/平方公里。

（五）各区市县贫困特征差异分类

由上述各指标来看，各区市县的贫困特征差异较大，这里主要采用贫困人口数量和贫困发生率两个指标来衡量各地的贫困特征，并依此对各区市县进行分类。观察各区市县这两个指标，它们之间的耦合情况各不相同：有的贫困人数较少，但总体贫困发生率较高；有的贫困人数较多，但总体贫困发生率较低；有些则各项指标都高。这两个指标之间的耦合情况，对精准扶贫、防返贫工作的重点和难点问题的解决有一定的指示意义。一般来讲，贫困人口多，扶贫、防返贫的任务重，人力、物力资源的投入就要多；贫困发生率高，说明当地社会存在普遍贫困的情况，贫困程度深，扶贫和防返贫难度大，扶贫、防返贫工作的成效难以及时显现，需要长期的人力、物力、财力等资源的投入。

根据贫困人口数量和贫困发生率两个指标值，采用欧式距离法对其进行统计学分类，其结果见表 2-2。表 2-2 是对各类型地区所包含的区市县的贫困特点的描述。

表 2-2　各类型区市县的贫困特点

类型	所包含的市县	贫困特点
1 类地区	旺苍县、阆中市	区内自然条件较差，社会经济条件较差。贫困人口规模大，达 5 万~6 万人；贫困发生率也很高，分别达到 10% 和 15%。扶贫、防返贫任务较重，难度较大

类型	所包含的市县	贫困特点
2类地区	大邑县、崇州市、都江堰市、彭州市、绵竹市、什邡市、广汉市、旌阳区、游仙区、涪城区	涪城区有一定数量的省级贫困人口，但在总人口中占比较少，仅为0.83%，其他市县省级贫困人数为0，但也存在相当比例的市级贫困人口，部分市县的相对贫困率可达5%。总体来说，区内自然条件优越，社会经济条件较好，扶贫、防返贫任务轻
3类地区	三台县、中江县	贫困人口数量巨大，在8万~9万人；但其贫困发生率并不算高，在6%~10%，表明区内扶贫、防返贫任务非常重，需要大量的人力、物力资源的投入
4类地区	黑水县、小金县	贫困人口数量不多，在1万人左右，但境内贫困发生率很高，超过17%，境内人口总数虽不多，但贫困现象普遍、贫困程度深，扶贫、防返贫难度大
5类地区	安州区、梓潼县、名山区、雨城区、汶川县、荥经县、芦山县、茂县、宝兴县、石棉县、天全县、汉源县、罗江县、江油市、盐亭县、	本类型贫困人口数量总体不多，在4000~20000人；贫困发生率不高，一般为6%~10%
6类地区	苍溪县、剑阁县、南江县	贫困人口数量巨大，南江县近9万人，苍溪县、剑阁县为9万~10万人；贫困发生率高，为12%~15%；境内贫困规模大、贫困程度深，扶贫、防返贫工作的重点和难点兼具
7类地区	利州区、平武县、朝天区、北川县、青川县、昭化区、理县、松潘县、九寨沟县	境内的贫困人口数量差异较大，规模为4000~30000人不等；但贫困发生率较高，在12%~17%。表明该区域的贫困程度深，扶贫、防返贫难度较大

从上述两个指标的耦合情况来看，4类地区的贫困人口数量虽不多，但贫困发生率非常高，又地处川西高原地区，扶贫、防返贫难度大，是扶贫、防返贫工作的难点区域。6类地区的贫困人口数量众多、贫困发生率高，地处川东丘陵，自然条件较差，社会经济基础差，是扶贫、防返贫工作难点与重点兼具地区。3类地区贫困发生率虽然不

高，但贫困人口数量巨大，扶贫工作需要投入大量的人力、物力资源，是扶贫工作的重点地区。

这些类型区，在空间上呈现明显的集聚分带现象。如贫困程度较轻的 2 类地区，集中分布在四川盆地边缘；5 类地区沿盆周山地连续分布；7 类地区主要分布在盆周西北部的高原深山地区；各类条件相似的 4 类、6 类地区则分别集中连片分布在川西高原地区、川东丘陵地区。

二 贫困村的区域总体分布特征

（一）研究区贫困村整体分布情况

根据各区市县贫困村数量分布的统计数据来看（见图 2-4），都江堰市、崇州市、大邑县、广汉市、彭州市、什邡市、绵竹市、罗江县、旌阳区、游仙区、涪城区和中江县境内没有省级贫困村。在这些区市县当中，存在一定数量的相对贫困人口，也存在一定数量的相对贫困村。都江堰市、崇州市、游仙区、涪城区的相对贫困人口分布零散，没有出现相对集中的情况，其扶贫特征基本上是"插花式"扶贫；彭州市在其北部山区存在若干相对贫困村，贫困程度不深，扶贫工作相对容易。广汉市有 5 个、绵竹市有 4 个、什邡市有 6 个、大邑县有 19 个、罗江县有 36 个、旌阳区 43 个市级相对贫困村。其中比较特殊的是中江县，其省级贫困人口达到 87000 多人，并且这些贫困人口散布在全县各地，没有形成相对独立的贫困村落，其扶贫特点呈现全域"插花式"扶贫，给扶贫工作增加了不少难度。

其他区市县贫困村的情况大体表现为：石棉县、宝兴县、芦山县、安州区等地的贫困村数在 11~24 个；理县、九寨沟县、梓潼县、荥经县、茂县、天全县、雨城区、名山区等地的贫困村数在 29~42 个；利州区、汉源县、昭化区、汶川县、朝天区、黑水县、松潘县等区县的贫困村数在 55~64 个；平武县、江油市、青川县、盐亭县、北川羌族自治县、旺苍县、小金县等县的贫困村数在 73~97 个；三台县、

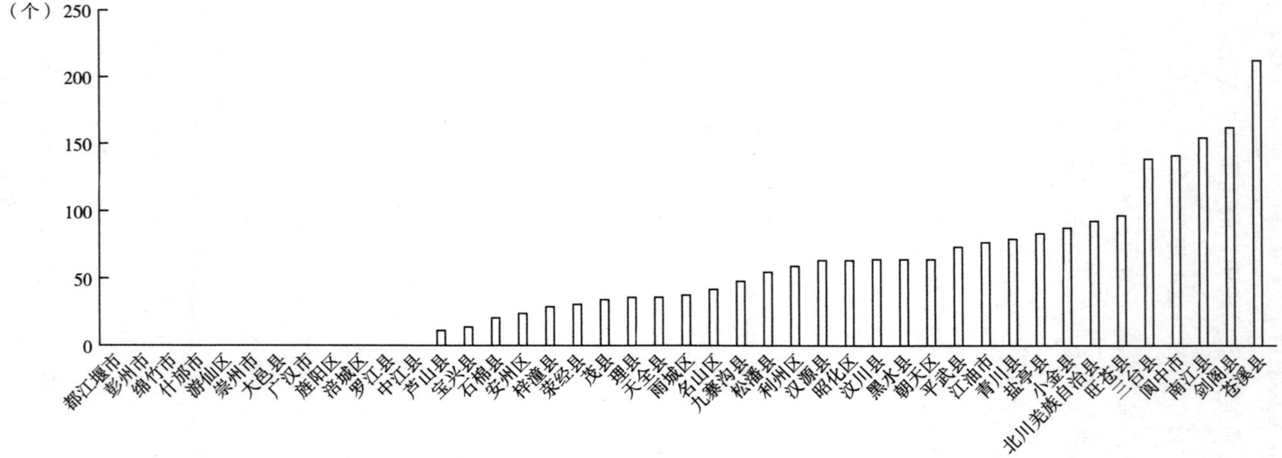

图2-4　2014年研究区内各区市县贫困村数量分布

阆中市、剑阁县、南江县的贫困村数量较多，在 140~163 个；苍溪县最多，数量超过 210 个。

（二）部分地市贫困村空间分布特征

受资料收集详尽程度的影响，本部分主要分析隶属于绵阳市和广元市各区市县的贫困村空间分布特征。

1. 绵阳市贫困村的空间分布情况

绵阳市的行政区划包括游仙区、涪城区、梓潼县、三台县、盐亭县、江油市、安州区、北川羌族自治县、平武县等区市县，共有省级及国家级贫困村 520 个，占所有行政村数量的 16%；贫困村中共有贫困人口 87835 人，占绵阳市所有贫困人口的 36%，超过 1/3 的建档立卡贫困人口集聚分布在贫困村中。

根据 2014 年公布的绵阳市贫困村名单绘制出绵阳市贫困村分布地图，将绵阳市贫困村空间信息代入地理集中指数公式计算，得到结果为 $G=42.12$，如果绵阳市的贫困村均匀分布，G_0 应该为 33.33，所以由 $G>G_0$ 可知，绵阳市贫困村具有一定的聚集性。

地理集中指数只能从整体上判断贫困村是否存在聚集的整体情况，不能明确贫困村聚集的位置和范围，因此，利用 SaTScan 软件[①]对绵阳市的贫困村进行进一步分析。使用 SaTScan 软件建立一个动态改变大小的移动的圆形窗口，在研究范围内，对贫困村所在区域进行扫描，形成级别不同的聚集圈，得到贫困村的聚集情况。根据其聚集情况可知，在绵阳市范围内共出现 8 个不同等级的聚集圈，其中有 5 个出现在绵阳市的北部，说明安州区（原安县）、北川羌族自治县、平武县、江油市存在连片贫困的情况。在盐亭县和三台县存在小范围的贫困村聚集现象。因此，绵阳市贫困村分布的总体态势为南北多、中部少、北部分布较聚集、南部分布更均匀。

---

① SaTScan 是一种软件，主要用于空间信息分析。

2. 广元市贫困村的空间分布情况

贫困村在广元市全境均有分布，全市共有 230 个乡镇 739 个贫困村，平均每个乡镇有 3.2 个贫困村。贫困村数量在 1~2 个的乡镇主要分布于青川县、昭化区、朝天区以及剑阁县，贫困村数量高于全市平均值的个别乡镇主要分布在广元市的北部和东南部地区。贫困村数量在 7 个以上的乡镇共有 17 个，其中的 11 个属于苍溪县，4 个属于利州区，1 个属于朝天区，1 个属于昭化区。贫困村最多的乡镇是利州区荣山镇，贫困村数量多达 12 个。

三　国定贫困区市县贫困分布特征

（一）三台县

三台县位于四川盆地中北部，辖区面积 2659 平方公里，总人口 142 万，辖 62 个乡镇、1 个街道办事处。2014 年，三台县建档立卡贫困人口近 3 万户 8 万人，省定贫困村 140 个，贫困发生率 6.53%。县内的贫困人口相对分散，有 63.8% 的贫困人口分布于非贫困村当中，"插花式"扶贫工作特点比较突出。

县域各乡镇内的贫困人口及其发生率差异较大，其在空间分布上呈现明显的"一带两扇"的特点。"一带"是指沿涪江河谷分布的各乡镇，包括永明镇、芦溪镇、花园镇、老马乡、刘营镇、里程乡、争胜乡、灵兴镇、新德镇、潼川镇、百顷镇等，这些乡镇的核心区主要分布在涪江河谷中的阶地之上，地形平坦，土地肥沃，水源充足，自然条件优越，因此其贫困人口数量较少、贫困程度较轻。分布在涪江两岸的其他乡镇，地形以丘陵为主，自然条件相对较差，其贫困程度相对较重。从贫困人口数量上看，位于西部、南部各乡镇的相对较多；从贫困发生率上看，其东部及南部各乡镇相对较高。

依据贫困发生率和贫困人口数量这两个指标，对三台县内进行统计学分类，分类结果见表 2-3。

表 2-3 三台县各乡镇贫困特点

类型	所包含的乡镇	贫困特点
1 类乡镇	北坝镇、花园镇、新德镇	属于贫困人口数量少、贫困发生率低的"双低"乡镇。各乡镇贫困人口为 100~400 人，贫困发生率为 0.2%~2.2%。这几个乡镇的核心区分布在涪江河谷的阶地之上，境内地形条件优越，经济基础好，北坝镇也是三台县县城所在地。这些乡镇内没有贫困村的分布
2 类乡镇	百顷镇、中新镇、断石乡、柳池镇、高堰乡、永新镇、前锋镇、里程乡、光辉镇、灵兴镇、永明镇、东塔镇、老马乡	各乡镇贫困人口数量较少，贫困发生率较低。贫困人口数量为 400~900 人，贫困发生率为 2.5%~5.5%。这些乡镇基本是沿涪江两岸分布，地形条件相对优越，经济基础相对较好。这些乡镇内部也没有贫困村的分布
3 类乡镇	龙树镇、双胜乡、忠孝乡、金鼓乡、三元镇、富顺镇、秋林镇、进都乡、云同乡、凯河镇、上新乡、下新乡、玉林乡、幸福乡、乐加乡、宝泉乡、争胜乡	各乡镇贫困人口数量较多，为 500~1400 人；贫困发生率比较高，为 6%~8%。这些乡镇扶贫、防返贫任务较重，难度较大
4 类乡镇	新鲁镇、新生镇、金石镇、鲁班镇	各乡镇贫困人口多，为 2200~2700 人；但境内贫困发生率较高，为 6%~8%；各乡镇贫困村数量较多，一般为 3~4 个。贫困现象发生数量多，贫困程度深，贫困村连片分布。这些乡镇扶贫、防返贫任务较重，难度较大
5 类乡镇	中太镇、塔山镇、立新镇、芦溪镇、刘营镇、八洞镇、建平镇、乐安镇、古井镇	本类型贫困人口总数较多，为 1300~2100 人；贫困发生率比较低，一般为 3.5%~5.5%。各乡镇普遍都有 1~2 个贫困村的存在。这些乡镇是扶贫、防返贫任务较重的乡镇
6 类乡镇	黎曙镇、万安镇、曙光乡、菊河乡、安居镇、郪江镇、建中乡、协和乡、广利乡、双乐乡	这些乡镇主要在三台县南部连片分布，各乡镇贫困人口数量在全县范围内不算太多，为 1100~1600 人；但贫困发生率很高，为 10%~13.5%，是全县贫困发生率最高的区域，贫困村数量也比较多。这些乡镇是全县贫困程度较深，扶贫、防返贫难度大的区域

类型	所包含的乡镇	贫困特点
7 类乡镇	景福镇、西平镇、观桥镇	各乡镇贫困人口数量巨大,为 3400～3600 人;贫困发生率较高,为 6%～8%;贫困村数量多,各乡镇都有 3～5 个贫困村,表明该区域的贫困村数量多,贫困程度深。这些乡镇属于县内扶贫、防返贫任务重、难度较大的区域
8 类乡镇	潼川镇、石安镇、三元镇、紫河镇	各乡镇贫困人口数量较多,为 1700～2100 人;贫困发生率很高,为 8%～10%;贫困村数量有 2～4 个。该类型乡镇贫困人口多,贫困发生率高,贫困村较多。这些乡镇是扶贫、防返贫任务较重、难度较大的双高区域

（二）北川羌族自治县

北川羌族自治县位于四川盆地的西北部,隶属于四川省绵阳市,是 2008 年"5·12"地震的极重灾区。北川县城所在地永昌镇是原属于安县的黄土镇所在地,"5·12"地震之后划归北川县作为其县城所在地,更名为永昌镇,永昌镇坐落于安昌河河谷,地形平坦,自然条件优越。境内的永安镇、擂鼓镇、通泉镇也有少部分地势较缓的区域,其余皆属于深山地区,山高谷深,地质条件脆弱。全县人口在 24 万人左右,分布趋势是自然条件较好的乡镇人口较稠密,山区的乡镇人口稀少。北川是我国唯一一个羌族自治县,也是秦巴山区集中连片特困地区,全县有接近 7000 户 20000 多人的贫困人口,贫困发生率达 14.8%,有贫困村 93 个,是国定贫困县。

北川羌族自治县各乡镇的贫困人口数量和贫困发生率分布情况分别见图 2-5 和图 2-6。

由图 2-5 和图 2-6 可看出,贫困人口分布呈现"前重后轻"的情况,而在贫困发生率的分布上呈现"前轻后重"的状态,两者之间的耦合状况并不好,也表明该县的扶贫工作难点与重点区域存在一定的错位。根据这两个指标的耦合情况,采用统计学方法将北川县境内的乡镇分为 5 类乡镇，见表 2-4。

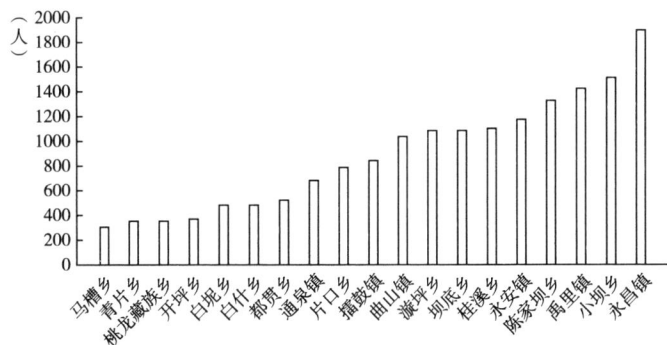

图 2-5　2014 年北川羌族自治县各乡镇的贫困人口数量

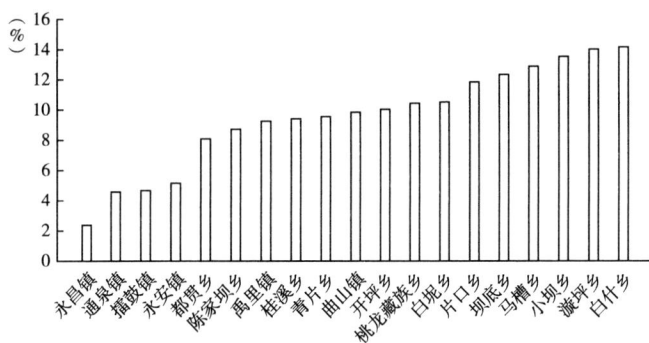

图 2-6　2014 年北川羌族自治县各乡镇的贫困发生率

表 2-4　北川羌族自治县各类型乡镇贫困特点

类型	所包含的乡镇	贫困特点
1 类乡镇	永昌镇	自然条件优越，社会经济条件较好，是县城所在地，也是"5·12"地震之后重建乡镇，大量受地震影响的人口被重新安置于此。贫困人口数量全县最多，也是贫困发生率最低的乡镇。永昌镇是县内扶贫、防返贫任务最重的乡镇

033

类型	所包含的乡镇	贫困特点
2类乡镇	青片乡、白什乡、马槽乡、桃龙藏族乡、开坪乡、白坭乡、都贯乡	这几个乡镇连片分布在县内北部,海拔较高,山高谷深,自然条件较差,人口较少,社会经济条件差。各乡镇贫困人口总数较少,为350~500人;但贫困发生率很高,为10%~14%,属于贫困人口少但贫困发生率高的乡镇,少数民族人口较多。这些乡镇是扶贫、防返贫难度最大的乡镇
3类乡镇	禹里镇、曲山镇、陈家坝乡、桂溪乡	贫困人口数量较多,人数为1000~1400人;贫困发生率比较高,为9%~10%。这些乡镇是县内扶贫、防返贫任务重、难度比较大的乡镇
4类乡镇	坝底乡、小坝乡、片口乡、漩坪乡	贫困发生率高,为12%~14%;贫困人口数量也相对较多,为1000人左右。贫困现象发生普遍,贫困程度深。这些乡镇扶贫、防返贫难度大
5类乡镇	擂鼓镇、永安镇、通泉镇	贫困人口总体不多,不到1000人;贫困发生率也不高,一般为5%左右,属于县内自然条件和经济条件较好的乡镇。这些乡镇是扶贫、防返贫任务与难度相对较小的乡镇

(三)平武县

平武县位于四川盆地西北部,具有典型的山地地貌景观,境内山地主要由岷山山脉、摩天岭山脉和龙门山脉组成,海拔1000米以上的山地占辖区面积的94.33%。地势西北高、东南低,西北部为极高山、高山,向东南渐次过渡为中山、低中山和低山。涪江是境内的主要河流。截至2018年底,平武县户籍总人口17.74万人,有汉、藏、羌、回等20个民族,人口主要分布在其东南部的涪江河谷两岸乡镇。

平武县是2008年"5·12"地震的极重灾区,也是秦巴山区集中连片特殊困难地区,全县贫困人口有7300多户2万多人,贫困发生率达12.8%,有贫困村73个,是国定贫困县。

各乡镇的贫困人口数量和贫困发生率相差较大。从贫困人口数量上看，贫困人口最少的是泗耳藏族乡，只有 143 人；贫困人口最多的是龙安镇，达 2121 人。从贫困发生率上看，农安镇最低，只有 5.48%；最高的在虎牙藏族乡，贫困率高达 25.37%。详见图 2-7 和图 2-8。

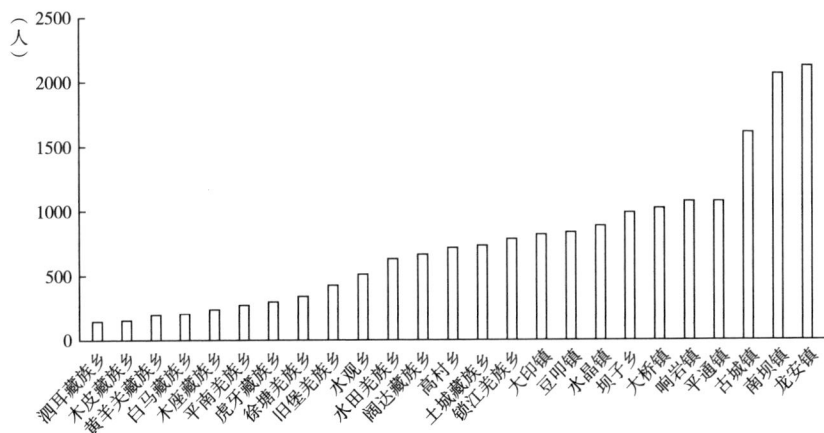

图 2-7　2014 年平武县各乡镇贫困人口数量

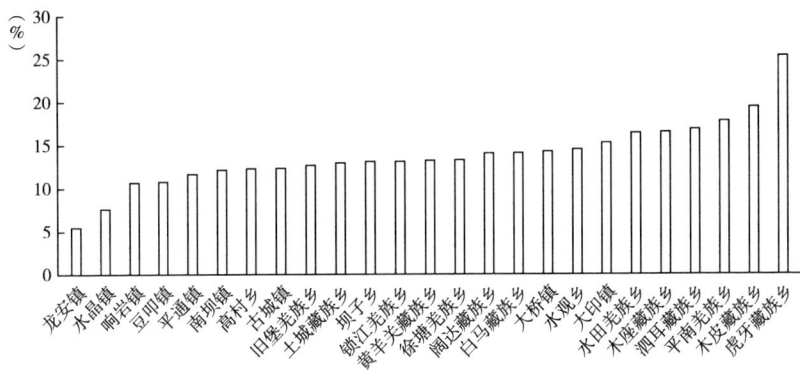

图 2-8　2014 年平武县各乡镇贫困发生率

平武县贫困人口的分布是东南部较多，西北部较少；贫困发生率的分布则相反，东南部稍低，西北部较高。根据这两个指标的耦合情况，采用统计学方法将平武县境内的乡镇分为5类乡镇，见表2-5。

表2-5 平武县各类型乡镇贫困特点

类型	所包含的乡镇	贫困特点
1类乡镇	龙安镇	自然条件和社会环境相对较好，是县城所在地，也是"5·12"地震之后重建乡镇，大量受地震影响人口被重新安置于此。贫困人口数量全县最多、贫困发生率最低，是县内扶贫、防返贫任务最重的乡镇
2类乡镇	水晶镇、土城藏族乡、阔达藏族乡、旧堡羌族乡、大桥镇、大印镇、锁江羌族乡、豆叩镇、平通镇、响岩镇、坝子乡、高村乡	这几个乡镇连片分布在县域内中南部地区，各乡镇贫困人口总数较少，为500~1000人；但贫困发生率很高，为10%~15%，属于贫困人口较少、贫困发生率较高的乡镇。这些乡镇是扶贫、防返贫难度较大的乡镇
3类乡镇	白马藏族乡、黄羊关藏族乡、木座藏族乡、泗耳藏族乡、木皮藏族乡、徐塘羌族乡、水田藏族乡、平南藏族乡、水观乡	这几个乡镇连片分布在县域内北部、中部地区，海拔较高，山高谷深，自然条件较差，人口较少，社会经济条件差。各乡镇贫困人口总数较少，为200~600人；但贫困发生率很高，为13%~19%。属于贫困人口较少、贫困发生率较高的乡镇，也是藏族、羌族等少数民族聚居地。这些乡镇是扶贫、防返贫难度较大的乡镇
4类乡镇	古城镇、南坝镇	贫困人口数量相对较多，古城镇有1600多人，南坝镇达2000人；境内贫困发生率较高，超过12%。贫困现象发生普遍，贫困程度深。这两个乡镇是扶贫、防返贫任务重且难度较大的乡镇
5类乡镇	虎牙藏族乡	境内贫困人口少，但贫困发生率最高。境内海拔高、人口稀少，是藏族聚居地。其扶贫、防返贫任务较轻，但难度最大

（四）青川县

青川县地处四川盆地北部边缘，白龙江下游。青川县地形略呈新月状，以中山地形为主，兼有低中山、低山、丘陵、台地、谷地、小平坝。境内地势西北高而东南低，最高海拔 3837 米，最低海拔 491 米，山地占总面积的 88.3% 以上。

青川县是 2008 年"5·12"地震的极重灾区，也是秦巴山区集中连片特困地区，全县有 1 万多户 3 万多人的贫困人口，贫困发生率达 16.6%，贫困人口密度 9.73 人/平方公里。青川县有贫困村 79 个，占其行政村总数的 40.3%。

青川县各乡镇贫困特征呈现以下几个特点：（1）贫困人口的绝对数量较少，各乡镇之间差异不大。最少的是马公乡，有 208 人；最多的是青溪镇，达到 1837 人。平均 782 人。（2）贫困发生率普遍比较高。贫困发生率最高的是苏河乡，高达 32%；其他乡镇普遍在 10%~25%；比较低的乡镇有乔庄镇和竹园镇，这两个镇是其境内自然条件和社会条件最好的区域。

根据贫困人口数量和贫困发生率两个指标的耦合情况，采用统计学方法将青川县境内的乡镇分为以下 5 类乡镇，分类结果见表 2-6。

表 2-6　青川县各类型乡镇贫困特点

类型	所包含的乡镇	贫困特点
1 类乡镇	金子山乡、马公乡、七佛乡、楼子乡、瓦砾乡、蒿溪回族乡	贫困人口数量少，为 200~600 人；但贫困发生率很高，为 15%~19%。这些乡镇是县内扶贫、防返贫难度较大的乡镇
2 类乡镇	马鹿镇、木鱼镇、乔庄镇	贫困人口少，为 400~800 人；贫困发生率是县内最低的几个乡镇。乔庄镇最低仅为 2.9%，马鹿镇为 5.8%，木鱼镇 8.1%。这些乡镇是县内扶贫、防返贫任务较轻且难度较小的乡镇

续表

类型	所包含的乡镇	贫困特点
3类乡镇	青溪镇	县内贫困人口最多的乡镇，达1837人；贫困发生率也较高，达14.1%。其是县内扶贫、防返贫任务最重且难度较大的乡镇
4类乡镇	房石镇、石坝乡、红光乡、苏河乡、茅坝乡、大坝乡、凉水镇、茶坝乡	这些乡镇连片分布在县内的中山地区，贫困人口相对较多；贫困发生率非常高，最低的为21%，最高的为32%，一般在25%左右。这些乡镇是县内扶贫、防返贫任务重且难度最大的区域
5类乡镇	竹园镇、建峰乡、白家乡、三锅镇、楼侨乡、乐安寺乡、前进乡、关庄镇、黄坪乡、大院回族乡、孔溪乡、板桥乡、骑马乡、观音店乡、沙洲镇、营盘乡、姚渡镇	贫困人口为700~1100人；贫困发生率较高，为11%~19%。这些乡镇是扶贫、防返贫任务较重且难度较大的乡镇

（五）昭化区

昭化区位于四川盆地北部，属盆地丘陵向山区过渡地带。地形以中低山为主，地势北高南低，延缓下降。境内江河溪沟纵横，地表起伏不平，地貌复杂多样，海拔多在400~1254米，平均海拔900米。

昭化区是2008年"5·12"地震的重灾区，也是秦巴山区集中连片特困地区，全区有接近7600户26000多人的贫困人口，贫困发生率达12.4%，有贫困村63个。

昭化区乡镇贫困特征呈现以下几个特点：（1）大部分乡镇贫困人口数量较少，个别乡镇贫困人口数量较多。最少的是银岩街道，只有112人；最多的是元坝镇，达4500多人。（2）贫困发生率普遍比较高。除了少数几个自然条件和经济条件较好的乡镇，大部分乡镇贫困发生率在13%以上。

根据贫困人口数量和贫困发生率两个指标的耦合情况，采用统计学方法将昭化区境内的乡镇分为以下 5 类乡镇，分类结果见表 2-7。

表 2-7 昭化区各类型乡镇贫困特点

类型	所包含的乡镇	贫困特点
1 类乡镇	沙坝乡、昭化镇、晋贤乡、银岩街道办事处	贫困人口数量少，为 110～1000 人；贫困发生率相对较低，为 5%～10%。这些乡镇是区内扶贫、防返贫任务较轻且难度较小的乡镇
2 类乡镇	青牛乡、虎跳镇、卫子镇、梅树乡、紫云乡、柳桥乡、红岩镇、朝阳乡、射箭乡	贫困人口少，为 600～1000 人；贫困发生率很高，为 14%～17%。这些乡镇是区内扶贫、防返贫难度较大的乡镇
3 类乡镇	元坝镇	区内贫困人口最多的乡镇，达 4500 多人；贫困发生率也较高，大约 13.4%。其是县内扶贫、防返贫任务最重且难度较大的乡镇
4 类乡镇	文村乡、香溪乡、陈江乡、丁家乡、黄龙乡、白果乡、明觉镇、大朝乡	贫困人口为 500～1200 人，贫困率非常高，为 18%～21%。其是区内几个最为贫困的乡镇，也是扶贫、防返贫难度最大的乡镇
5 类乡镇	张家乡、清水乡、太公镇、柏林沟镇、石井铺镇、王家镇、磨滩镇	贫困人口为 1200～2000 人，是贫困人口相对较多的乡镇；贫困发生率也较高，为 15%～21%。这几个乡镇连片分布在南部地区，是区内扶贫、防返贫任务重且难度也较大的双高乡镇

（六）朝天区

朝天区为四川省广元市辖区，是秦岭南麓蜀道起点上的第一个政治、经济、文化中心，素有"秦蜀重镇""川北门户"之称。朝天区地势东北高、西南低，相对高差 1523.9 米，由此形成东北部中山区、中部河谷平坝、西南低山区的特殊地理环境。

朝天区是 2008 年 "5·12" 地震的重灾区，也是秦巴山区集中连片特困地区。全区有 6800 多户贫困户，贫困人口近 2.4 万人，贫困发生率 12.6%，有 64 个行政村是贫困村，占比高达 29.9%。

朝天区各乡镇贫困特征呈现以下几个特点：（1）贫困人口的分布呈现明显的条带状，以地处中部宽阔谷底的 "羊木镇—朝天镇—宣河镇—中子镇—转斗镇" 为界，北部地区山高谷深，贫困人口数量相对较少，一般为 500~800 人；中部几个乡镇是区内人口稠密地区，也是贫困人口密集地区，一般为 1000~1800 人；中部以南毗邻几个乡镇，贫困人口数量降至 500~600 人；再往南，则贫困人口数量上升至中部乡镇水平。（2）贫困发生率普遍比较高，也呈现明显的条带状。北部中山区贫困发生率最高，在 16%~27% 波动，中部乡镇贫困发生率维持在较低水平，一般为 7% 左右；南部乡镇贫困发生率较高，一般为 10%~20%。

根据贫困人口数量和贫困发生率两个指标的耦合情况，采用统计学方法将朝天区境内的乡镇分为以下 5 类，分类结果见表 2-8。

表 2-8　朝天区各类型乡镇贫困特点

类型	所包含的乡镇	贫困特点
1 类乡镇	东溪镇、羊木镇、朝天镇、宣河镇、中子镇、麻柳乡、曾家镇、两河口乡、李家乡	贫困人口数量相对较多，为 900~1800 人；贫困发生率相对较低，为 5%~16% 之间波动。这些乡镇是区内扶贫、防返贫任务较重且难度较小的乡镇
2 类乡镇	马家坝乡	贫困人口 706 人，贫困发生率全区最高，高达 27.7%。境内主要是山地，自然条件差。其是区内扶贫、防返贫难度高的乡镇
3 类乡镇	大滩镇	区内贫困人口最多的乡镇，近 2800 人；贫困发生率非常高，达到 26.7%。境内主要是山地，自然条件差。其是区内扶贫、防返贫任务最重且难度很大的乡镇

续表

类型	所包含的乡镇	贫困特点
4类乡镇	花石乡、陈家乡、柏杨乡、青林乡、平溪乡、临溪乡、鱼洞乡、汪家乡	贫困人口为 500~1200 人；贫困发生率很高，为 15%~23%。这些乡镇是区内扶贫、防返贫任务较重且难度大的乡镇
5类乡镇	西北乡、蒲家乡、沙河镇、小安乡、转斗镇、文安乡	贫困人口相对较少，为 500~800 人；贫困发生率区内相对较低，为 10%~14%。这些乡镇是区内扶贫、防返贫任务相对较轻且难度相对较小的乡镇

（七）旺苍县

旺苍县位于川陕两省交界的米仓山南麓，隶属广元市。旺苍县境内地貌复杂，山、丘、坝兼有，地势北高南缓、腹部低平，形成一条东西走向的槽谷地带，且横贯全境；北部鼓城山、光头山、云雾山、汉王山、老君山、欧家坪等群峰雄踞，构成米仓山西段主体；南部崇山突兀，壑谷纵横；腹部丘坝相间、溪河交错。整体地势北高南低，嘉陵江一级支流东河南北纵贯。

旺苍县是 2008 年"5·12"地震的重灾区，也是秦巴山区集中连片特困地区。全县有超过 1.7 万户贫困户、5 万多人的贫困人口；贫困发生率达 14.7%；贫困村数量 97 个，占比 27.6%。

旺苍县的贫困特征呈现以下几个特点：（1）北部地区山高谷深，贫困人口数量相对较少，一般在 1400 人以下；南部地区地势相对平缓，贫困人口数量相对较多，多在 1500 人以上。（2）贫困发生率普遍较高。北部地区乡镇贫困发生率高，普遍在 13%以上；中南部地区自然条件和经济基础相对较好，贫困发生率相对较低，最低的是其县城所在地东河镇，仅为 3.2%。

根据贫困人口数量和贫困发生率两个指标的耦合情况，采用统计学方法将旺苍县境内的乡镇分为 5 类，分类结果见表 2-9。

表 2-9　旺苍县各类型乡镇贫困特点

类型	所包含的乡镇	贫困特点
1 类乡镇	张华镇、龙凤镇、化龙乡、大两乡	贫困人口数相对较多，为 1600~2600 人；贫困发生率在 21%~28% 波动，是县内贫困率最高的几个乡镇。这些乡镇是扶贫、防返贫任务较重且难度最大的乡镇
2 类乡镇	九龙镇、普济镇、三江镇、五权镇	县内贫困人口最多的几个乡镇，人数为 2900~3200 人；贫困发生率高，为 18%~20%。这些乡镇是区内扶贫、防返贫任务最重且难度较大的乡镇
3 类乡镇	麻英乡、枣林乡、柳溪乡、农建乡、金溪乡、万山乡、水磨乡、大河乡、檬子乡、鼓城乡、盐河乡、万家乡、天星乡	区内贫困人口相对较少，为 1000~1500 人；贫困发生率高，在 17%~24% 波动。这些乡镇是县内扶贫、防返贫任务较重且难度较大的乡镇
4 类乡镇	白水镇、尚武镇、高阳镇、双汇镇、燕子乡、福庆乡、正源乡、国华镇、英萃镇、大德乡	贫困人口为 700~1500 人；贫困发生率相对较低，为 9%~17%。这些乡镇是县内扶贫、防返贫任务相对较轻且难度相对较小的乡镇
5 类乡镇	嘉川镇、东河镇、黄洋镇、木门镇	贫困人口为 1900~2800 人，是贫困人口相对较多的乡镇；贫困发生率较低，最低 3.2%，最高 12.9%。这几个乡镇连片分布在南部地区，自然条件和经济基础优越，扶贫、防返贫任务较重但难度相对较小

（八）苍溪县

苍溪县地处四川盆地北缘，大巴山南麓丘陵地带。境内地势东北高、西南低，地形复杂，江河纵横，平坝、台地、丘陵、低山、低中山及山塬地貌皆有，以低山为主。苍溪县是 2008 年 "5·12" 地震的重灾区，也是秦巴山区集中连片特殊困难地区，全县有 3.2 万多户贫困户、近 10 万人的贫困人口，贫困发生率达 12.2%。全县共有 39 个乡镇 718 个行政村，其中贫困村多达 214 个，占比约为 29.8%。

苍溪县的贫困特点是：（1）绝对贫困人口数量非常多，每个乡镇的贫困人口都在 1000 人以上。人数最少的是雍河乡，也达到 1000 人的规模；人数最多的是龙山镇，多达 5000 人。（2）贫困发生率高，社会贫困面很广。各乡镇的贫困发生率大多在 10% 以上，个别乡镇高达 30%。（3）贫困村数量多。全县有 214 个贫困村，呈集中连片状态。

依据贫困人口数量与贫困发生率两个指标，采用统计学方法可分为 5 类，分类结果见表 2-10。

表 2-10 苍溪县各类型乡镇贫困特点

类型	所包含的乡镇	贫困特点
1 类乡镇	陵江镇、龙山镇	陵江镇是县城所在地，自然条件和经济条件较好，人口稠密，贫困人口数量多，有 4700 多人；贫困发生率全县最低，仅为 2.1%。龙山镇贫困人口全县最多，有 5000 多人；贫困发生率为 11%，相对较低。两镇扶贫、防返贫任务较重但难度相对较小
2 类乡镇	新观乡、龙洞乡、黄猫乡、彭店乡	贫困人口相对较少，为 1500~2200 人；贫困发生率均在 23% 以上，最高达到 30%，是县内最贫困的几个乡镇，也是县内几个比较偏远的乡镇。这些乡镇扶贫、防返贫难度最大
3 类乡镇	禅林乡、八庙镇、亭子镇、白鹤乡、石门乡、双河乡、运山镇、白山乡、石灶乡、桥溪乡、雍河乡、龙王镇	贫困人口数量相对较少，一般为 1000~2000 人；贫困发生率比较高，为 16%~21%。这些乡镇扶贫、防返贫任务较轻但难度较大
4 类乡镇	云峰镇、白驿镇、歧坪镇、漓江镇、东溪镇、高坡镇、石马镇	贫困人口相对较多，达 3000~4000 人的规模；贫困发生率相对不高，为 11%~16%。这些乡镇扶贫、防返贫任务重
5 类乡镇	东青镇、白桥镇、浙水乡、鸳溪镇、五龙镇、永宁镇、三川镇、唤马镇、中土镇、月山乡、河地乡、岳东镇、文昌镇	贫困人口为 1400~2400 人，贫困发生率相对较低，为 10%~15%。这些乡镇扶贫、防返贫任务和难度都不大

（九）剑阁县

剑阁县隶属于四川省广元市，地处四川盆地北部边缘，是四川、陕西、甘肃三省接合部。县内地势西北高、东南低，以低山、丘陵地貌为主。

剑阁是 2008 年 "5·12" 地震的重灾区，也是秦巴山区集中连片特困地区。全县有接近 3.3 万户贫困户、9.3 万多人的贫困人口，贫困发生率达 15.5%，贫困人口密度 29.2 人/平方公里。剑阁县贫困村数量较多，共有 163 个，占其行政村总数的 30%。

剑阁县各乡镇贫困特征呈现以下几个特点：（1）贫困人口总量多。中部大部分乡镇贫困人口较多，其北部和南部乡镇贫困人口数量相对较少。（2）贫困发生率普遍较高。除了少数几个经济条件较好的乡镇，其他各乡镇贫困发生率都比较高。

依据贫困人口数量与贫困发生率两个指标，采用统计学方法可分为 5 类，分类结果见表 2-11。

表 2-11　剑阁县各类型乡镇贫困特点

类型	所包含的乡镇	贫困特点
1 类乡镇	姚家乡、盐店镇、北庙乡、垂泉乡、柳沟镇、凉山乡、江石乡、兴义乡、正兴乡、马灯乡、碗泉乡、公店乡、高池乡、迎水乡、广坪乡、柘坝乡、圈龙乡、樵店乡、闻溪乡、上寺乡	贫困人口数量相对较少，为 600～1500 人；贫困发生率比较高，为 15%～24%。这些乡镇扶贫、防返贫任务较轻但难度较大
2 类乡镇	下寺镇、普安镇、毛坝乡、国光乡	低贫困发生率乡镇。其中的下寺镇、普光镇、毛坝镇是剑阁县境内社会经济条件较好区域，贫困发生率为 4%～5%；贫困人数不等，为 1000～2000 人。国光乡贫困人口更少，只有 600 人左右，贫困发生率稍高，达 11%。这些乡镇扶贫、防返贫任务较轻且难度较小

类型	所包含的乡镇	贫困特点
3类乡镇	元山镇、涂山镇、开封镇、白龙镇、鹤龄镇、龙源镇、武连镇、东宝镇、城北镇、汉阳镇、剑门关镇、江口镇	贫困人口数量相对较多，一般为2000~3300人；贫困发生率比较高，为15%~23%。这些乡镇扶贫、防返贫任务较重且难度较大
4类乡镇	张王镇、高观镇、田家乡、柏垭乡、木马镇、店子镇、摇铃乡、杨村镇、锦屏乡、碑垭乡、公兴镇、吼狮乡、演圣镇、金仙镇、长岭乡、王河镇、秀钟乡、西庙乡	贫困人口也相对较多，为1200~2100人；贫困率很高，达到21%~33%。这些乡镇扶贫、防返贫任务较重且难度大
5类乡镇	香沉镇、羊岭镇	贫困人口在3000人左右，贫困发生率高于28%。这两个乡镇扶贫、防返贫任务和难度"双高"

（十）南江县

南江县位于四川盆地北部、米仓山的南部，全县纵跨84.3公里、横跨31公里，面积达3382.8平方公里。地势南低北高，属于中深切割中山地貌，地形复杂，溪沟纵横，山水相依，素有"八山一水一分田"之称。因基础设施较差、农村产业发展水平较低等原因，一直是国家级贫困县。

南江县是2008年"5·12"大地震的重灾区，也是秦巴山区集中连片特困地区。截至2014年底，全县有贫困人口8.9万余人，占农村人口的15.9%。南江县贫困村数量较多，共有156个。

南江县各乡镇贫困特征呈现以下几个特点：（1）贫困人口总量多，高达8.9万余人。其北部和南部乡镇贫困人口数量相对较少，中部大部分乡镇贫困人口较多。（2）除了少数几个经济条件较好的乡镇，其他乡镇贫困发生率普遍比较高。（3）在南江县贫困人口中，因病致贫占有相当高的比例。建档立卡贫困人口中，因病、因残、因缺劳动力致贫人口比例高达 59%。

依据贫困人口数量与贫困发生率两个指标，采用统计学方法可分为 6 类，分类结果见表 2-12。

表 2-12　南江县各类型乡镇贫困特点

类型	所包含的乡镇	贫困特点
1 类乡镇	寨坡乡、红岩乡、桥亭乡	贫困人口数量相对较少，为 300~700 人；贫困发生率比较高，为 18%~20%。这些乡镇是县内扶贫、防返贫任务较轻但难度较大的乡镇
2 类乡镇	光雾山镇、乐坝乡、上俩乡	贫困人口数量少，在 300 人左右；贫困发生率较低，为 5%~7%。其是县内扶贫、防返贫任务较轻且难度较小的乡镇
3 类乡镇	柳湾乡、关坝乡、沙坝乡、北极乡、关田乡、贵民乡、汇滩乡、团结乡、高桥乡、杨坝镇、八庙乡	贫困人口数量相对较少，一般为 500~1000 人；贫困发生率比较高，为 9%~16%。这些乡镇是县内扶贫、防返贫任务相对较重且难度较大的乡镇
4 类乡镇	仁和镇、正直镇、南江镇	贫困人口数量较多，有 2000 人左右；但贫困发生率很低，在 3% 左右。这些乡镇是县内扶贫、防返贫任务较重且难度较小的乡镇
5 类乡镇	沙河镇、大河镇、东榆镇、下两镇、赶场镇、赤溪乡、燕山乡、高塔乡、红光镇、傅家乡、红四乡、天池乡、侯家镇、双桂乡、凤仪乡、朱公乡、黑潭乡、和平乡、双流乡、元潭乡、平岗乡、石滩镇、关门镇、兴马镇、关路乡、坪河乡	此类乡镇数量较多，共同特点是贫困人口数量较多，一般为 1000~2000 人的规模；区内贫困程度较高，贫困发生率一般为 10%~16%。这些乡镇是扶贫、防返贫任务较重且难度较大的乡镇
6 类乡镇	流坝乡、长赤镇	两乡镇贫困人口数量极多，分别为 3750 人和 4380 人左右，贫困发生率分别达 9.7% 和 11.8%。这两个乡镇是县内扶贫、防返贫任务和难度"双高"的乡镇

第三章

贫困人口群体
特征

汶川地震灾区贫困群众的贫困现象具有同质性，主要表现为疾病、年老体衰、丧失劳动力、文盲或半文盲比例高、劳动技能比较弱、收入少、缺少资金等。经济学中的"马太效应"在汶川地震灾区可持续发展时期表现得非常突出，贫困群体在收入、就业、教育和发展机会等方面出现了贫困代际传递现象。

一　基于群众自身条件的贫困特征

调查分析发现，汶川地震灾区群众因自身条件而导致的贫困或返贫现象，研究区范围内所有地方都具有相当的一致性。以地理位置优越的都江堰市和地处边远山区的茂县为例，通过 2014 年两市县建档立卡的数据分析很能说明问题。表 3-1 分析了都江堰市相对贫困人口致贫原因，表 3-2 分析了茂县贫困人口致贫原因。

表 3-1　都江堰市相对贫困人口致贫原因

致贫原因	因病	因残	缺技术	缺资金	缺劳力	因灾	因学	其他
人　数	1416	172	365	145	57	29	114	105
所占比例	59%	7%	15%	6%	2%	1%	5%	4%

表 3-2　茂县贫困人口致贫原因

致贫原因	因病	因残	缺技术	缺资金	缺劳力	因灾	因学	其他
人　数	2580	958	2276	692	502	180	256	331
所占比例	33%	12%	29%	9%	6%	2%	3%	4%

（一）因病致贫、因病返贫最突出

2014 年都江堰市和茂县因病致贫人数在所有贫困人口中占比都是最高的，分别是 59% 和 33%。另外，通过文献检索，青川县作为秦巴山区连片扶贫开发重点县，2015 年的贫困户因病致贫占比高达

60.05%，因残致贫占比 13.7%[1]；2017 年什邡市贫困人口中，因病致贫占比达 49.7%，因病致贫、因病返贫成了什邡市实现全面小康的"绊脚石""拦路虎"[2]；2018 年的汶川县全县因病因残致贫 631 户 2004 人，占全县建档立卡贫困人口总数的 47.3%[3]。在实际走访的 150 多位访谈对象中，问及实现"两不愁、三保障"中哪一项难度最大时，有 80%以上的受访者回答难度最大的是医疗保障。

因病致贫群体因为疾病而导致"自身造血"功能差，大多数人不能依靠自身力量增加收入和应对治病支出，很容易致贫，这是很多地方脱贫攻坚阶段面临的最大挑战和困难。另外，贫困群众或已脱贫群众抗风险能力本身就比较脆弱，加之家庭成员生病，也会直接导致劳动力的减少和生活开支的大幅增加，因病返贫现象就会特别突出。2016 年平武县建卡贫困人口 11596 人，其中因病致贫、因病返贫人口多达 3826 人，占比 33%[4]；根据数据分析，2018 年北川羌族自治县返贫人口的 90%是因病返贫。

（二）文化层次低、缺技术、劳动技能差特征明显

2014 年都江堰市因缺技术而导致的贫困占比是 15%，茂县因缺技术而导致的贫困占比是 29%，都是导致地震灾区群众贫困的仅次于因病致贫、因病返贫的重要因素。根据数据分析和社会访谈得知，文化层次低、缺技术、劳动技能差这类贫困人口，其一般的文化水平是小学学历或文盲，并且大部分是留守农村、仅依靠土地和重体力劳动为生的人。他们的劳动技能和发展素质都非常低，劳动收入只能满足最

---

① 青川县扶贫移民局：《青川县"十三五"脱贫攻坚规划》，青川县人民政府网，2017 年 6 月 23 日。
② 殷宪龙、何小米：《什邡市探索"插花式"贫困地区脱贫路子》，《四川日报》2018 年 10 月 18 日。
③ 《汶川人民不"服"贫，坚决打赢脱贫攻坚战》，汶川电视台，2018 年 6 月 21 日。
④ 刘佩佩：《平武建 4 个医疗片区分中心 偏远贫困患者看病不用"跑断腿"》，四川新闻网，2017 年 7 月 1 日。

基本的物质生活条件，生活链条极其脆弱，任何一种意外情况的发生，都很容易导致整个家庭的贫困或返贫。

另外，这个群体的家庭成员中，未成年子女和老年人占比相对比较高，家庭负担系数比较高。一个大家庭以年轻的夫妻双方劳动为主，多人口贫困家庭劳动力占比不足，并且人口越多的家庭，劳动力占比越低；加之劳动者的劳动素质较低、劳动能力差，不能像高学历群体那样离开农村进入城镇工作，或是像其他掌握一定技能的劳动者那样外出进城务工。其自身具备的文化素质和劳动技能大大挤压了这个群体的就业空间和生活质量提升的空间。

（三）灾害性影响因素占比最低

2014 年都江堰市因灾致贫的占比是 1%，茂县因灾致贫的占比是 2%，灾害性影响因素是所有致贫因素中占比最低的因素。这充分说明，经过 3 年大规模、高质量的灾后重建，经过多年灾区的可持续发展，大地震造成的巨大灾害以及后续引发的次生灾害给人们的生产生活带来的冲击和影响在逐渐消退。地震灾区群众致贫的影响因素与其他非地震灾区群众致贫的影响因素越来越趋向同质化。从另外一个侧面看，这也是党中央、各级政府以及社会力量对灾区人民鼎力支持和帮助的有力见证。

二　基于经济影响因素的贫困特征

根据调查资料发现，汶川地震灾区贫困人口主要集中在农村，尤其是位置偏远、经济发展落后的贫困山村，其现代化产业基础薄弱，缺乏发展新经济的基础条件；缺乏人才、资金、技术等生产要素。这些地方自然环境恶劣，区位条件差，耕地资源相对较少，土地生产率很低，生产生活条件比较落后。另外，村落距离乡镇、县城及中心城市都比较远，村民居住分散，与发达地区经济发生关联的难度大。很多地方地质条件比较脆弱，山洪、泥石流等山地灾害广发频发。

由于经济发展落后，贫困群众的就业机会比较少，尤其是那些受家庭拖累或年龄稍大不便走出农村去城镇打工的家庭妇女和中老年人，他们主要依靠种植业和养殖业。根据调查，七成的贫困家庭收入源于第一产业。问及受访者家庭消费情况，80%的受访者表示，一半以上的消费支出用于食物和生活必需品；居住消费支出占比不大，主要是由于地震灾后恢复重建，群众住房条件得到了改善；但是文化娱乐方面的消费支出所占比例不足1%。食物消费支出占比过大和文化娱乐消费支出占比过小，充分说明了贫困群众收入少、经济困难，这是个体性贫困尤为突出并带有普遍性的一个特征。

三 社会保障机制与贫困负相关的表现特征

在建档立卡之前，汶川地震灾区群众非农产业就业渠道不是非常通畅。当问及受访者以前是如何获得就业途径时，70%左右的受访者表示自己出去找，20%左右的表示靠亲戚朋友介绍，仅有10%的受访者表示由政府相关部门或劳动中介组织介绍。但从2014年建档立卡并进行精准扶贫之后，90%以上的受访者表示政府相关部门或自己的帮扶者在就业或技能培训方面给予过重要帮助。稍微年轻的受访者，经过政府联系爱心企业，接受一定的岗位培训，进入爱心企业工作；也有对口帮扶的企业主动联系被帮扶贫困对象，基于他们的实际情况和现有技能，提供适合他们的工作岗位；年纪稍微大些、有部分劳动能力的受访者，村委会或社区管委会给这部分贫困群体提供一些劳动强度不大且有工资收入的公益性岗位，比如门卫、巡逻、扫街、垃圾分类等。

还有相当一部分贫困群体，在政府的帮扶和鼓励下，进行劳动力就业转移，去乡镇或周边城市从事第二产业或第三产业。大多数的农村妇女和留守农村的男性劳动力，在县级政府的统一规划和村集体的统一组织管理下，从事适合本地种植、养殖的第一产业。比如在汶川县，只要适合种植，100%的贫困户和85%左右的非贫困户种植了茶叶、猕猴桃、大樱桃、无公害蔬菜等；北川羌族自治县大力扶持茶叶、马铃薯、猕猴桃、青红脆李、中药的种植等；平武县是四川省药材主产县之一，素有"药材之乡"的美称，平武县出台了一系列扶持政策，鼓励当地农民走"公司+合作社（协会）+农户"的中药材产业发展路子，使中药材成为很多贫困家庭和非贫困家庭增收致富的支柱产业。

据四川省残联统计，"5·12"汶川特大地震共导致 5756 人残疾。四川省将符合条件的丧失劳动能力、生活无法自理的汶川地震致残人员，全部纳入最低生活保障和"五保"政策救助范围。另外，汶川地震灾区群众城乡医疗保险实现了全覆盖，大大降低了特殊群体由于疾病而造成的贫困升级和返贫现象持续发生的风险。

以上分析不难看出，社会保障机制越到位，灾区群众的生产生活就越有保障，致贫返贫现象就会越少。

第四章

贫困诱因分析

一 地形条件是区域贫困的重要原因

结合研究区的地形条件、贫困村与贫困人口的空间分布，可以看出研究区内的地形条件对贫困村和贫困人口的空间分布有着巨大的影响，呈现的特征包括：平原地区贫困人口少，贫困人口的贫困程度轻，一般没有贫困村；高山地区贫困人口数量不多，但贫困发生率高，贫困村数量少但容易空间连片；丘陵地区的贫困人口数量最多，贫困发生率相对不高，贫困村数量较多但不易空间成片。由此可见，地形条件对贫困人口数量、贫困村数量以及贫困程度都有非常重要的影响，其是区域性贫困的重要诱因。

（一）地形条件影响居住的适宜性，增大发展的难度

人体对于不同的海拔高度有不同的适应性，低海拔地区适合人类生活，高海拔地区则不适合人类生活。一般来说，海拔高于 2000 米的地区就不太适合人类生活。不适合人类生活的地区其发展必然受限，发生贫困的可能性也会增大。

以广元市为例，广元市大部分乡镇的平均海拔在 500~1000 米，海拔超过 2000 米的乡镇仅在青川县境内有一个。海拔最高的青川县人口密度仅为 74.65 人/公里^2，远低于全市平均人口密度（189.78 人/公里^2）。旺苍县的海拔也较高，人口密度为 152.56 人/公里^2，也低于全市平均人口密度。广元市朝天区也有部分高海拔地区，人口密度为 128.15 人/公里^2，同样低于全市平均人口密度。海拔较低的苍溪县、剑阁县、利州区和昭化区四个区县的人口密度均高于上述三个高海拔县区的人口密度。苍溪县人口密度最大，同时它拥有海拔 500 米以下的区域也最多。不难看出，县域人口密度与当地海拔有很强的负相关性。

具体到广元市的贫困村和贫困人口，这些贫困村和贫困人口在空间上总体分布不均衡。贫困村主要聚集在低海拔的广元南部，尤其是苍溪县境内，贫困人口密度的高值也聚集在广元市南部，南部的贫困

人口分布相对更均衡。而广元市北部海拔较高的地区，贫困村数量较少，贫困人口密度的低值也在青川县和旺苍县这两个海拔较高的地区聚集，且北部的贫困人口分布相对更不均衡。

另外一个重要的地形因素是坡度。坡度较陡地区不利于大部分工程的开展，也不利于种植业的发展；在坡度较缓的区域，生产生活都能够顺利进行。生产生活能否顺利进行，直接或间接地影响着当地的经济发展和居民的生产生活水平等。

以广元市为例，广元市平均坡度小于15度的乡镇在剑阁县、苍溪县、昭化区、利州区均有少量分布，大部分乡镇的平均坡度在15度以上，平均坡度大于25度的乡镇主要分布在青川县、旺苍县以及朝天区北部。坡度较大的青川县、旺苍县、朝天区也是全市人口密度最低的三个区县，均低于全市平均人口密度。广元市的贫困村和贫困人口主要聚集在地势平坦的地区，坡度较陡的三个区县的贫困人口密度较小。不过，贫困人口密度也与人口密度有关系，这些陡坡度地区不适合居住，留在这里的人口少，人口密度小，贫困人口密度自然也小。其中，青川县是高海拔陡坡度地区，在各个县中人口密度和贫困人口密度最小，但其16.59%的贫困发生率是各个县中最高的；另外，青川县有40.31%的行政村是贫困村，贫困村比例为全市各个县中最高的，也高于全市30.45%的平均值。

（二）地形阻碍了基础设施建设，增加了建设成本

"要想富，先修路"，这是一个深入民心的道理。但汶川地震灾区大多地处山地，海拔高、地质复杂，严重影响了公路、铁路等基础设施的建设。从路网密度来看，地形条件差的山区交通密度明显不足，主干交通网络难以覆盖，通村道路建设滞后。落后的交通条件导致贫困地区难以运出农副产品，也难以获得外界市场资源，阻碍了地区内与外界的资金、货物流通以及劳动力流转，极大地抑制了地区经济的发展，导致地区经济发展能力削弱和城镇化进程缓慢。

恶劣的地形条件也给其他的公共服务和公共设施的建设造成了极大困难。政府需要投入大量的人力、物力、财力去建设并完善贫困地区的通信网络、水利设施等基础设施，这给政府增加了非常大的财政负担，也间接导致政府在医疗卫生、教育培训等公共服务方面的投资长期不足和滞后。而教育投入的不足，也导致当地群众受教育年限普遍较短，缺乏对自身投资的考虑和计划，对未来可能面临的健康、生活风险没有应对计划和能力。

以 2020 年北川羌族自治县扶贫专项资金用途为例（见图 4-1），超过 50% 的资金主要用于克服恶劣地形条件所带来的交通和安全上的困难，严重制约了经济发展和民生保障项目上的投入。这就导致了贫困地区人口因病返贫、因缺乏技术返贫的现象比较突出。

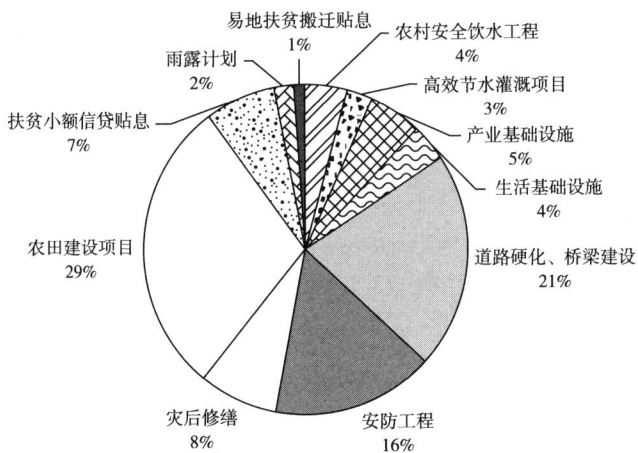

图 4-1　2020 年北川羌族自治县扶贫专项资金用途

（三）地形条件影响了土地资源的数量和质量，工农业生产开展困难

以绵阳市为例，全市地势自西北向东南倾斜，大致以广元市、江

油市、安州区、绵竹市连线为界，西北为山地，东南为丘陵、平原。
山地面积占全市面积的比重约为 60.67%，丘陵约为 16.36%，平原约
为 22.29%。2013 年绵阳市人均耕地面积为 0.75 亩（见图 4-2），低
于同期全国人均耕地面积（1.2 亩）。因为地形地势的特点，绵阳市
本就不丰富的耕地资源在空间分布上呈现不均衡的态势。西北部的山
区占地面积大，地貌类型多样，因为受水利设施不够健全以及季节性
缺水的影响，人均有效灌溉面积小，限制开发的人均林地面积大，而
且耕地以细碎地块、梯田为主，粮食产量低，单种复种指数低，以种
植业为生的农民基本处于靠天吃饭的生活状态。山区里的水产养殖业
以零星分布的池塘为主，一般是家庭经营，难以形成规模，且对外运
输困难。总的看来，受先天环境制约，以上区域的农民难以通过发展
传统农业、种植业来增加经济收入和提高家庭生活水平。

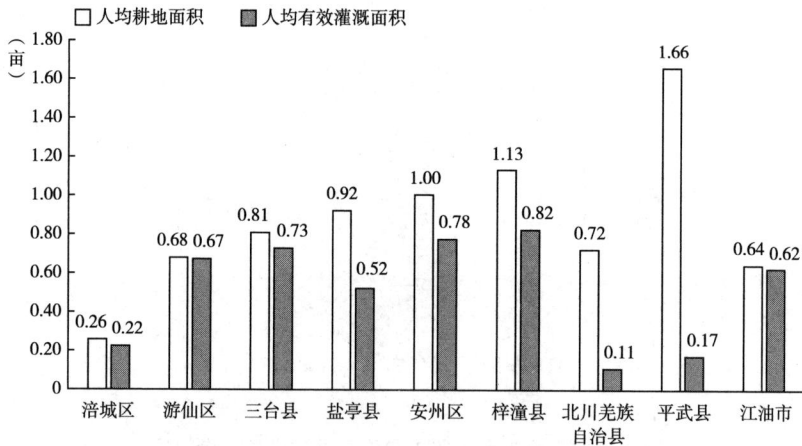

图 4-2　2013 年绵阳市各区市县耕地情况

　　地形条件差，基础设施薄弱，产业结构单一，导致投资企业数量
不多，提供的就业岗位较少，这进而也成为影响当地群众增收致富的
一大因素。

（四）自然灾害广发、频发，威胁经济发展

研究区主要位于四川盆地的盆周地区，复杂的地形条件和脆弱的地质条件，加上近几年极端天气频发，使得山洪、滑坡、泥石流等山地自然灾害频发、广发，这成为山区致贫返贫的重要原因。2008 年汶川特大地震导致四川省因灾返贫率高达 30% 以上。2010 年四川省"8·13"特大山洪泥石流，导致全省 10 个市（州）500 余万人受灾，造成直接经济损失 18.7 亿元①，受灾最严重的几乎都是汶川地震极重灾区或重灾区。2013 年汶川"7·10"特大泥石流是继汶川地震之后汶川当地遭受的最严重的自然灾害，泥石流导致汶川县境内 100% 的乡镇不同程度受灾，全县 90% 以上的人和村寨不同程度受灾，90% 以上的村（社区）受灾；直接经济损失 38 亿元，5 年发展的增量毁于一旦。还有 2014 年"7·17"茂县山体滑坡、2017 年"6·24"茂县叠溪镇新磨村山体高位垮塌、2019 年汶川"8·20"特大山洪泥石流等都造成了重大的人员伤亡和财产损失。

广发、频发的自然灾害，致使很多地方的群众多次建房，经济压力非常大，不少人因此返贫。另外，自然灾害破坏程度大、影响范围广、恢复时间长等特点，很容易导致群体性贫困和返贫。

二 区位条件制约了区域经济发展

研究区基本是盆周山区，离中心城市较远，受中心城市辐射不足，整体经济发展水平较低。较低的社会经济发展水平使群众的本地就业不足，工资水平较低。虽然研究区大多生态环境良好，资源优势明显，但偏远闭塞的区位条件也限制了本地资源优势的发挥，难以转化为经济优势。

---

① 杨三军：《泥石流重创汶川灾区》，《瞭望》2010 年第 34 期。

（一）本地就业机会不足，劳动力大量输出，削弱了本地经济发展动力

以绵阳市为例，由于贫困地区整体发展水平不高，提供的非农就业机会少，大部分有劳动能力的贫困人口都会选择外出务工。绵阳市农村经济调查队统计公报指出，绵阳市外出务工人员的首选地是北京、上海等大城市以及广州、深圳等东部沿海发达城市，随着西部大开发战略的持续推进，西藏、新疆也逐渐成为绵阳市务工人员的主要流向地（见图4-3）。绵阳市统计局的资料显示，绵阳市贫困地区输出的劳动力主要集中于采矿业、工业、建筑业、服务业等领域（见图4-4），这些行业的共同点是工作时间长、劳动强度大、技术要求低。

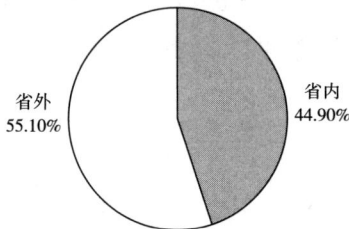

图4-3 绵阳市劳动力流出去向

省外 55.10%
省内 44.90%

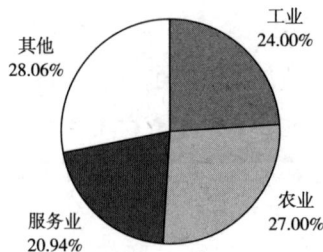

图4-4 绵阳市流出劳动力主要从事行业

其他 28.06%
工业 24.00%
农业 27.00%
服务业 20.94%

青壮年的大量输出，导致本地人口的年龄结构发生了重大变化。

留守当地的大多是老年人口，农村地区面临严重的老龄化问题。人口优势的丧失严重抑制了本地区的发展。

（二）资源优势明显，但输出困难，难以转变为经济优势

研究区内的生态环境优越，物产资源丰富独特，资源优势明显。但由于资源输出困难，且在经营方式上存在问题，难以及时转化为经济优势。区内大部分人员缺乏规模化、市场化、品牌化等特色产业经营意识和经验，很多贫困地区采取小规模、分散化的家庭经营模式，且经营方向盲目跟风现象突出，产品同质化现象严重。在适合发展土特产的地区出售未加工或者初加工的产品较多，产品生产链短、附加值不高，很多贫困地区难以在自身努力下依靠自身资源优势发展产业以及形成带领群众增收的主导产业。

三 个体原因是致贫的直接原因

从各地的统计数据来看，大部分地震灾区群众的贫困是多种原因造成的。以绵阳市三台县为例，2014年建档立卡贫困户致贫原因如图4-5所示。

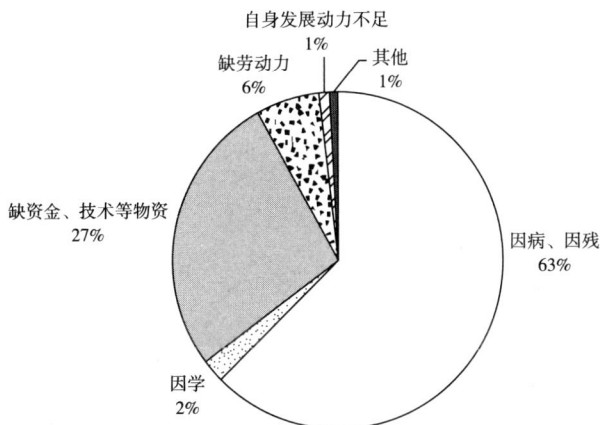

图4-5 三台县建档立卡贫困户致贫原因

（一）疾病、残疾是贫困家庭致贫的主要原因

病痛和残疾是个体身体健康水平下降、能力缺失的典型表现。农村居民由于生活条件和卫生条件较差，相较于城市居民，更容易患上各种疾病。疾病或残疾不仅导致他们劳动能力下降、收入减少，而且他们还要支付高额的医疗费用，面临因病、因残致贫，贫病交加的困境。虽然政府针对特殊患病人员和残疾人员实施特殊的医疗保障帮扶政策，但经医保报销后，家庭医疗卫生的刚性支出仍然会影响整个家庭的生活水平，因病、因残致贫仍然是不少家庭的重要隐患。

三台县个体致贫原因中，残疾和疾病占到了63%的比例。家庭成员残疾和疾病导致的高额治疗费用会使普通家庭短时间内陷入贫困；同时，残疾和疾病还有可能长期削弱甚至剥夺病患的劳动能力，使其不具备自我提升和发展的能力；另外，家庭其他成员往往会因照顾病人就近工作，其发展机会也受到限制。因病、因残致贫是贫困治理中的难题。

（二）缺资金、缺技术，很难以自身力量摆脱贫困

不少贫困家庭和群众有致富的想法和干劲，但由于历史原因，他们缺少必要的发展资金，无法实现有效收入，从而导致贫困；还有不少贫困家庭和群众，由于劳动能力和文化素质较低，缺少发展产业或就业的基本技能，无法通过发展产业或就业保证稳定收入。缺资金或缺技术的贫困群众，仅靠自身难以改变贫困的现状，但是，只要有脱贫的外在支持力，这一类贫困群众脱贫的可能性就会提高。实践也证明，在脱贫攻坚阶段，在政府和帮扶人员提供了一定的支持之后，这部分群众便有了工作或者经营的项目，他们的收入增长速度较快。

（三）子女教育投入的增加，加重了家庭负担

很多贫困家庭的父母已充分意识到没有文化、受教育程度低是导

致贫困的重要原因，他们把改变家庭命运、改变贫困现状的希望寄托在自己的孩子身上。调查发现，很多地震灾区家庭，不管是城镇家庭还是农村家庭，都非常重视子女的教育，支持和鼓励子女报辅导班，购买各种学习工具和额外的学习用品，不少家庭在子女教育上的花费与日俱增，甚至有不少家庭宁愿借钱也要供子女读书。对一些本不富足的家庭来说，随着在子女教育方面投入的持续增加，一个家庭如果不止一个孩子读书，那么该家庭的基本教育支出就会明显超出其负担能力，导致家庭实际生活水平低于国家认定的贫困标准，成为贫困户。

（四）一部分人欠缺脱贫的积极性和主动性

通过调研发现，地震灾区的不少贫困群众的贫困是"精神贫困"导致的"物质贫困"。个别人有困难就找政府，把扶贫当作政府的责任，他们自身懒惰，不愿意工作也不愿意劳作，"等靠要"思想严重，缺少脱贫的积极性和主动性；有的人"胆小怕事"，对政府或社会提供的脱贫机会没有把握，不敢接招，害怕失败；也有的人进取心不足，遇到困难就打"退堂鼓"，意志力不坚定。"精神贫困"成为这部分贫困群众致富路上难过的坎、难爬的坡。实际上，他们并不缺少改变贫困状况的机会，而是内生动力不足，脱贫的主观能动性发挥不够。

（五）教育落后、劳动力素质低下是导致贫困的深层次原因

地震灾区教育资源相对不足，贫困人口受教育程度普遍较低，受教育年限少，缺乏就业培训，未能掌握可靠的技术技能，从而导致劳动力素质偏低，这是制约贫困群众脱贫致富、稳定增收的非常重要的原因。由绵阳市政协对梓潼县的调研发现，贫困人口的文化水平普遍偏低（见图4-6），劳动力素质偏低，未能掌握必要的劳动技能。低素质劳动力在劳动力市场几乎没有任何优势，难以满足工业化、现代

化城市对劳动力素质和技能的要求，贫困地区流出的劳动力所进入的行业均为技术要求简单的行业，个人发展空间十分有限。而从事传统农业生产的家庭，因为缺乏系统科学的知识和技能，难以提高劳动生产率，限制了规模化、品牌化产品的生产，只能延续传统高投入、低收入的劳作方法。同时，教育资源在城乡之间分配的不均衡，也是制约地震灾区农村贫困群众接受教育和进行职业培训的重要因素。

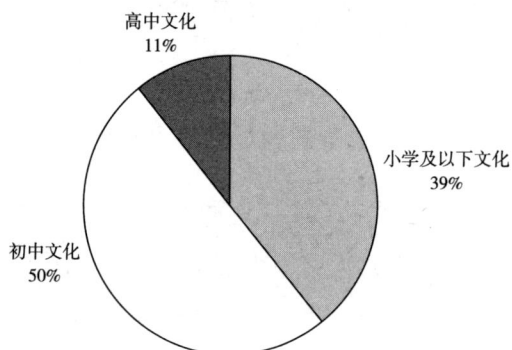

图 4-6　梓潼县贫困户文化水平

第五章

脱贫攻坚成效
及对返贫的抑
制作用

　　坚决打赢脱贫攻坚战，确保到 2020 年所有贫困地区和贫困人口一道迈入全面小康社会，这是以习近平同志为核心的党中央对全国人民的庄严承诺。中央要求各级党委和政府要把脱贫攻坚作为"十三五"期间头等大事和第一民生工程来抓，坚持以脱贫攻坚统揽经济社会全局。作为重大的政治任务，各级党委和政府狠抓落实，创新方式方法，面对面、点对点进行精准扶贫。

　　四川是全国扶贫任务最重的省份之一，国家 14 个集中连片特殊困难地区中，涉及四川省的就有大小凉山彝区、高原藏区、秦巴山区和乌蒙山区 4 个片区，贫困"量大、面宽、程度深"特征非常明显。2013 年底，四川省有贫困县 88 个、贫困村 11501 个、贫困人口 625 万人，贫困发生率达 9.6%。① 到 2015 年，四川省贫困人口仍有 380 万人，从总量上看在全国处于前六位。② 到 2017 年底，尚有深度贫困村 2180 个、深度贫困人口 62.2 万人，分别占全省贫困村的 41.2%、贫困人口的 36.4%。③

　　在整个脱贫攻坚过程中，四川省的脱贫攻坚任务十分艰巨。四川省始终坚持把彝区和藏区的脱贫攻坚工作作为重中之重、坚中之坚来抓，加大人力、物力、财力的投入，集中力量攻克彝区和藏区这两大片区深度贫困的堡垒。彝区、藏区贫困人口从 2013 年底的 116 万人减少到 2019 年底的 18 万人，贫困发生率由 25.4%下降至 3.9%。截至 2019 年底，彝区 4 个县摘帽，藏区贫困县全部摘帽。四川省仅 2018 年至 2019 年上半年投入深贫地区的各类资金就达 1185.5 亿元，在脱贫任务最艰巨的凉山州就投入了 1.1 万名扶贫干部。④

　　总之，在汶川特大地震抗震救灾和灾后重建任务完成之后，打赢

① 四川省扶贫和移民工作局:《齐力打赢这场"硬仗中的硬仗"》,《四川省情》2018 年第 8 期。
② 陈智:《打赢"十三五"脱贫攻坚开局战》,《四川省情》2016 年第 12 期。
③ 赵倩倩:《四川深度贫困地区经济社会发展分析》,《四川省情》2018 年第 8 期。
④ 肖林、黄玥、张超群:《"明天,你好!"——精准扶贫帮助四川深贫区脱贫奔小康》,新华社,2019 年 10 月 11 日。

脱贫攻坚战成了四川省最主要的、必须抓紧完成的政治任务。正是由于脱贫攻坚任务的硬性规定以及国家和各级政府对民生工程的高度重视，包括汶川地震灾区在内的所有地区的贫困群众都得到了大力精准帮扶，到 2020 年，全国范围内所有贫困县、贫困村实现了摘帽，所有贫困人口实现了脱贫。

一 极重灾区的脱贫情况

汶川特大地震极重灾区共 10 个县（区、市），即汶川县、北川羌族自治县、茂县、安州区、平武县、绵竹市、什邡市、都江堰市、彭州市、青川县。由于安州区、绵竹市、什邡市、都江堰市和彭州市地理位置相对优越，贫困程度较轻，扶贫任务不重，相较其他 5 个县来说，脱贫过程和脱贫数据不具有典型性，故在介绍极重灾区脱贫情况时，只是重点介绍了北川羌族自治县、汶川县、平武县、青川县和茂县。

北川羌族自治县是 "5·12" 汶川特大地震重灾区、少数民族地区、革命老区、边远山区和秦巴山连片特困地区 "五区合一" 的贫困县。2014 年，全县共有建档立卡贫困村 93 个，贫困户 6929 户、贫困人口 20384 人，贫困发生率 14.08%，高居绵阳市首位，在秦巴山连片特困地区 34 个县中排第 14 位。2018 年 7 月 31 日，四川省人民政府常务会议批准北川羌族自治县等 15 个县退出贫困县序列，北川羌族自治县成为绵阳市首个脱贫摘帽县。2019 年底，北川羌族自治县全面实现贫困县摘帽，93 个贫困村退出，所有贫困人口脱贫。[①] 根据北川羌族自治县政府网公布的数据，综合计算得出北川羌族自治县脱贫攻坚期间脱贫人数统计情况，见表 5-1。

表 5-1　北川羌族自治县脱贫攻坚期间脱贫人数统计

时间节点	2014 年	2015 年	2016 年	2017 年	2018 年	2019 年
脱贫情况	4741 人	5034 人	4962 人	4404 人	1192 人	212 人

---

① 北川羌族自治县扶贫开发局：《北川脱贫攻坚情况概述》，www. beichuan. gov. cn，2020 年 12 月 30 日。

地震极重灾区的汶川县，2014 年精准识别建档立卡贫困村 37 个，贫困户 1341 户、贫困人口 4440 人，贫困发生率 6.8%；2018 年实现"整县摘帽"。截至 2019 年底，全县所有贫困村退出、所有贫困人口脱贫，贫困发生率降至 0。[①] 根据汶川县政府网公布的数据，综合计算得出汶川县脱贫攻坚期间脱贫人数统计情况，见表 5-2。

表 5-2　汶川县脱贫攻坚期间脱贫人数统计

时间节点	2014 年	2015 年	2016 年	2017 年	2018 年	2019 年
脱贫情况	349 户 1370 人	408 户 1446 人	473 户 1495 人	255 户 750 人	134 户 394 人	3 户 10 人

地震极重灾区的平武县，2014 年识别建档立卡贫困户 6896 户、贫困人口 19543 人，贫困村 73 个，贫困发生率 12.8%。脱贫攻坚过程中，平武县聚力基础建设、产业就业、民生保障、社会保障、协同协作等。2019 年 3 月，全县 6896 户 19543 人以零漏评、零错退、零问题、零佐证高质量通过省级脱贫摘帽专项评估，以排名全省第一方阵的优异成绩退出贫困县序列。平武县连续 6 年被评为"四川省县域经济发展先进县"，连续 2 年被评为"四川省县域经济发展模范县"。[②] 根据平武县政府网公布的数据，综合计算得出平武县脱贫攻坚期间脱贫人数统计情况，见表 5-3。

表 5-3　平武县脱贫攻坚期间脱贫人数统计

时间节点	2014~2015 年	2016 年	2017 年	2018 年	2019 年
脱贫情况	8631 人	1299 户 3768 人	1124 户 3115 人	1404 户 3355 人	302 户 674 人

---

① 汶川县人民政府，www.wenchuan.gov.cn，2021 年 12 月 3 日。
② 平武县融媒体中心：《凝心聚力摘穷帽逐梦小康展新颜》，www.pingwu.gov.cn，2021 年 2 月 22 日。

地震极重灾区的青川县，2014 年识别建档立卡贫困户 10323 户、贫困人口 31673 人。从 2014 年建档立卡到 2018 年全面实现脱贫摘帽，每年都有大量的贫困人口实现脱贫。根据青川县政府网公布的数据，综合计算得出青川县脱贫攻坚期间脱贫人数统计情况，见表 5-4。

表 5-4　青川县脱贫攻坚期间脱贫人数统计

时间节点	2014 年	2015 年	2016 年	2017 年	2018 年
脱贫情况	1395 户 4485 人	1752 户 5477 人	1961 户 6118 人	2083 户 6284 人	2464 户 7428 人

地震极重灾区的茂县，2014 年识别贫困村 64 个，建档立卡贫困户 2042 户、贫困人口 7872 人。截至 2018 年，累计实现 60 个贫困村退出、7652 人脱贫，全县贫困发生率降至 0.4%，成功摘掉贫困县的"帽子"。[1] 2020 年，全县 64 个贫困村全部退出、所有农村贫困人口全部脱贫。建档立卡贫困户人均纯收入由 2015 年的 3332 元增加到 2020 年的 12013 元，年均增幅 29.2%。茂县发展条件显著改善，人民生活水平不断提高，精神面貌焕然一新，取得了"整体解决深度贫困问题"的历史性成就。[2] 根据茂县政府网公布的数据，综合计算得出茂县脱贫攻坚期间脱贫人数统计情况，见表 5-5。

表 5-5　茂县脱贫攻坚期间脱贫人数统计

时间节点	2014~2015 年	2016 年	2017 年	2018 年	2019 年
脱贫情况	2802 人	3007 人	1541 人	302 人	338 人

---

[1]　茂县人民政府信息公开工作办公室：《2018 年政府工作报告》，www.maoxian.gov.cn，2019 年 5 月 15 日。

[2]　茂县人民政府信息公开工作办公室：《2020 年政府工作报告》，www.maoxian.gov.cn，2021 年 3 月 22 日。

二 脱贫攻坚对返贫的抑制作用明显

（一）中央和地方各级政府高度重视民生，为消除贫困提供了根本制度保障和组织保障

贫困是困扰中华民族几千年的难题。让人民群众过上富足幸福的生活，始终是中国共产党的初心和使命。中国共产党自成立以来，不仅带领广大群众与贫困展开了艰苦卓绝的斗争，而且非常注重实现社会的公平公正，坚决杜绝出现"富者累巨万，贫者食糟糠"的现象。尤其是党的十八大以来，面对贫中之贫、困中之困、坚中之坚的特殊状况，党中央坚持发展为了人民、发展依靠人民、发展成果由人民共享，毅然做出了"让贫困人口和贫困地区同全国一道进入全面小康社会"的庄严承诺，带领全体人民朝着共同富裕方向稳步前进。

面对规模宏大的脱贫事业，党中央发挥强大高效的社会动员力、组织力和协调力，科学部署、周密安排、强化协作和结对帮扶。党组织成为带领群众脱贫致富的坚强战斗堡垒，百万名"第一书记"和驻村干部成为带领群众脱贫致富的精锐力量与骨干，他们和群众一起奋战在最前线。各方力量和资源被充分调动，形成了跨地区、跨部门、跨单位、全社会共同参与的社会扶贫体系，走出了一条先富带动后富、最终实现共同富裕的中国特色社会主义发展道路。

脱贫攻坚阶段，党中央强调各项扶贫政策和举措必须落实到位，逐年加大民生和社会事业建设的投入力度，对群众基本生活、基本医疗、基本住房、基本养老、就业和教育等方面给予全方位保障；坚决反对搞一切形式的"花拳绣腿""面子工程"；要求严格按照各项考核标准，加强对扶贫过程的监督以及对扶贫成效的评估，开展"回头看"大排查活动，防止出现数字脱贫、虚假脱贫等不良现象，形成了一条独具特色又科学合理的脱贫之路。

（二）建立防返贫危机干预机制，落实防返贫举措

巩固脱贫胜利成果是各级政府面临的重任，因此，在脱贫攻坚期间和脱贫攻坚战结束后，防返贫工作受到高度重视。很多地方在脱贫攻坚的同时，就构筑了坚固的返贫防线，建立了返贫预警机制，对返贫群众及时发现、及时帮扶。就全国情况来看，"返贫人口从2016年的60多万减少到2017年的20多万，再减少到2018年的几万人，2019年只有几千人，脱贫的质量越来越高"。①

四川省把防止返贫和脱贫攻坚放在同等重要的位置。2017年5月，四川省委办公厅、省政府办公厅联合下发了《关于扎实开展脱贫攻坚"回头看""回头帮"的通知》，要求各地各部门在抓好年度脱贫任务的基础上，定期开展"回头看""回头帮"，切实落实后续扶持政策，做到脱贫攻坚期内政策不变、力度不减，确保已脱贫人口稳定脱贫、同步奔小康。该通知在灾区各区市县及乡镇得到高效执行，各地依据自身条件，探索创新方式方法，有效防止返贫现象的发生。

例如，北川县制定了《农户临界贫困预警处置办法》，建立起以乡镇为主体、村组为单元的网格化农户临界贫困监测体系，及时掌握农户家庭出现的突发性困难和问题，建立重点农户预警监测台账，实行动态管理。② 2018年的5~6月，北川县精准识别出返贫户7户、22人，这些人随即被重新纳入精准扶贫对象。平武县通过了《平武县致贫返贫预警处置基金使用管理实施细则》，增加了健康扶贫救助专项资金和致贫返贫预警处置基金两道"特别防线"，为困难群众提供"先诊疗后结算""一站式"全方位医疗保障。③

另外，汶川县实施"六大示范工程"④；北川县创新"4+3"模式

---

① 刘永富：《绝不能因为疫情影响脱贫攻坚目标任务的实现》，人民网，2020年3月12日。
② 《北川强化临界贫困预警实行动态管理》，《四川日报》2018年3月13日。
③ 范吉、平武：《织密织牢民生保障网》，《绵阳日报》2019年5月30日。
④ 《汶川县"六大示范工程"抓好脱贫攻坚》，汶川县政务网，2017年4月11日。

和"农民夜校"①；什邡市开展健康教育"五进五讲"、贫困人口"十免四补助"② 等。灾区各区市县根据自己的实际情况，摸索出了不少适合当地实际情况的产业扶贫、教育扶贫、健康扶贫、社会保障扶贫等方面的创新举措。

正因为地震灾区各级政府通过各种精细的预警措施和防返贫举措，扎实推进防返贫工作，故在脱贫攻坚期间和脱贫攻坚结束之后一段时间以内，灾区返贫现象并不突出，即使有个别临界返贫的家庭或群众，基本在第一时间内被重新帮扶。

（三）脱贫攻坚使灾区再次实现跨越发展

就整个四川省来说，自西部大开发以来，四川省经济曾连续 12 年（2002~2013 年）保持两位数快速增长，尤其是"5·12"汶川地震 3 年灾后恢复重建期间（2009~2011 年）GDP 分别比上年增长 14.5%、15.1% 和 15.0%。③ "5·12"汶川特大地震后，在中央财政、其他兄弟省市以及社会的大力帮助下，截至 2012 年，四川省 142 个受灾县用于恢复重建和发展的资金达到 1.7 万亿元。④ 2015 年四川省 GDP 总量突破 3 万亿元，人均 GDP 是 2000 年的 8 倍。⑤ 经济的强劲发展，为加快汶川地震灾区乃至整个四川省的脱贫攻坚，实现共同富裕，奠定了坚实的物质基础。2011 年至 2016 年，四川投入财政专项扶贫资金共计 234.49 亿元，平均向每个扶贫重点县投入超过 2.6 亿元。2017 年，四川省实现 15 个贫困县摘帽、3769 个贫困村退出、

---

① 杨橘：《北川创新办学模式，打造"精神扶贫"新平台——"四大课堂"办活农民夜校》，《绵阳日报》2017 年 4 月 17 日。

② 殷宪龙、何小米：《什邡市探索"插花式"贫困地区脱贫路子》，《四川日报》2018 年 10 月 18 日。

③ 四川省统计局综合处：《砥砺奋进四十年 治蜀兴川谱华章——改革开放 40 年四川经济社会发展成就系列报告之一》，2018 年 8 月 30 日。

④ 周锐：《中国宣布汶川地震灾后重建完成 投入 1.7 万亿元》，中国新闻网，2012 年 2 月 24 日。

⑤ 严文杰：《2 万亿到 3 万亿的新变化》，《四川省情》2016 年第 1 期。

108.5 万人脱贫，贫困人口从 2012 年底的 750 万人减少到 2017 年底的 171 万人，四川省贫困发生率已从 11.5% 降至 2.7%。2018 年 8 月，汶川地震重灾区的汶川县、北川羌族自治县、理县、茂县等都顺利实现了贫困县摘帽。2020 年，作为全国扶贫任务最重的省份之一，四川省 625 万建档立卡贫困人口全部脱贫，88 个贫困县全部摘帽，11501 个贫困村全部出列，全面消除绝对贫困，脱贫攻坚战在四川省取得全面胜利。①

汶川地震灾区的恢复重建与脱贫攻坚战在时间上连续、在任务上结合，使地震灾区在各个方面都取得了显著成效。灾区基础设施大幅改善，群众生活水平显著提升，地区落后的面貌根本改变，脱贫群众感恩意识浓厚，基层治理能力明显增强。数据显示，自 2013 年贫困户建档立卡以来，四川省地震灾区贫困人口从 2013 年的 102 万人降至 2016 年的 38.9 万人，贫困发生率从 10.3% 降至 4.8%。② 2009～2017 年，39 个重灾县累计完成固定资产投资超过 3.5 万亿元；适度超前的布局和大量的投入让灾区的道路、学校、医院等基础设施建设获得了飞跃式发展，建成及在建高速公路、普通公路 8.5 万公里，较 2008 年增加了 3 万公里，恢复重建学校超过 3000 所。2017 年灾区 GDP 是震前的 3 倍，城乡居民人均可支配收入分别是震前的 2.9 倍和 3.1 倍。③

四川省社会科学院震灾研究中心研究数据显示，就年均增速而言，2011 年灾后恢复重建结束到 2016 年期间，一般灾区、较重灾区、极重灾区 GDP 年均增速分别达 9.49%、9.03%、9.46%，其中除较重灾区年均增速低于全省平均增速 0.3 个百分点之外，皆高于全省的平均增速（9.33%）。三类灾区 2016 年名义 GDP 及三者 2016 年名义

① 《川"跃"开局之年——2021 年四川经济发展述评》，《四川日报》2021 年 12 月 21 日。
② 《"一增一降"折射地震灾区发展新速度》，《四川日报》2017 年 5 月 13 日。
③ 四川省统计局：《汶川特大地震灾区十周年重灾区经济发展成就显著》，2018 年 5 月 7 日。

GDP 之和分别是 2007 年的 3.22 倍、2.99 倍、2.35 倍和 3.12 倍。[①]
中国科学技术发展战略研究院课题组 2018 年的调查数据显示，灾区
农村地区居民家庭在冲水厕所、垃圾处理和安全饮用水等生活条件得
到大幅改善，购物、出行、看病和娱乐等方面的方便程度也有显著提
升；灾区居民对当前生活的满意度高达 87.2%。[②]

　　四川省统计局民调中心于 2018 年 4 月组织开展了汶川地震灾区
灾后重建 10 周年民意调查。调查结果显示，有 97.7%的受访者对灾
后重建 10 年来取得的成就持认可态度；受访者对灾后重建 10 年来当
地经济社会发展和民生改善等 6 个主要方面的满意率均在 92%以上，
其中，基础设施建设的满意率最高，为 96.1%；94.4%的受访者表示
对当地未来发展有信心。[③]

---

①　曹瑛：《汶川地震灾区经济和基础设施重建成就回顾与观察》，《新西部》2018 年
　　第 13 期。
②　卢阳旭、赵延东：《重大自然灾害治理的"中国经验"——基于汶川地震灾区系列
　　社会调查结果的分析》，《社会治理》2019 年第 2 期。
③　《高度评价重建成就　防灾减灾任重道远——汶川地震灾区灾后重建十周年民意调
　　查报告》，《四川省情》2018 年第 5 期。

第六章

返贫风险评估

根据四川省的统计，对 2014~2016 年已脱贫的 353 万贫困人口逐一开展了"回头看"，发现脱贫不稳定对象达 17 万人（次）[①]。虽然这些不稳定对象最终得到了有效的帮扶，及时阻止了返贫现象的发生，但 17 万人（次）的大数据充分说明，有相当规模的贫困边缘人员和已脱贫人员存在较高的返贫可能性。

通过调查发现，返贫现象的发生存在以下几个特点。（1）返贫现象的发生具有必然性。任何社会，由于自然的、社会的和个体的原因交互作用，不可避免地会有部分个体陷入贫困，尤其是对那些处于贫困边缘或刚刚摆脱贫困的人员来说，任何一种不确定因素都有可能使其坠入贫困。（2）返贫的原因复杂。对于脱贫人口而言，由于其自身条件的脆弱性，疾病、自然灾害、政府政策、市场波动等多种因素都有可能成为诱发其返贫的重要原因。虽然原因复杂，但调查发现，疾病和各类自然灾害、意外事件是导致个体返贫的主要因素。（3）返贫现象发生的不确定性。研究区内的自然条件相对较差，自然灾害丛生，社会经济条件相对薄弱，以及贫困群体自身条件具有脆弱性，使得返贫现象发生的时间、地点和规模都存在较大的不确定性。（4）返贫现象的反复性。部分群体由于受其自身条件的限制，在外界强力帮扶条件下能够顺利脱贫，一旦失去外界的支持，则可能很快再次陷入贫困。

一　区域性返贫风险评估

汶川地震灾区大多地形崎岖，山高谷深，交通不便，经济发展比较落后。自然条件差是本地区贫困面广、贫困程度较深的重要原因。在精准扶贫过程中，除了对贫困人员的直接帮扶，各地还使用大量扶贫资金进行基础设施建设和特色产业发展，试图为当地的经济发展创造更好的条件。但总体来说，这些措施只是改善既有条件，未从根本

---

① 何浠：《四川启动脱贫攻坚"回头看"实现减贫 108.5 万人》，中国新闻网，2018年 1 月 22 日。

上改变该地区自然条件差、产业发展弱的总体面貌。不利的自然条件时刻制约当地经济的发展，有可能导致区域性返贫现象的发生。在研究区内开展返贫风险区划和返贫风险评估工作，有利于为后续的贫困监测和扶贫工作提供参考。

本书选择 8 个资料比较齐全、贫困程度较深的区市县进行深入研究，开展精确到乡镇一级行政单元的返贫风险评估；对研究区内资料不够全面的其他区市县则开展以县域为单元的粗略评估。

借助一般风险评估的概念，将区域返贫风险定义为：区域返贫风险＝区域返贫的易发性×区域人口的脆弱性。区域返贫的易发性是指在当地自然社会环境下，研究区内贫困再发生可能性；区域人口的脆弱性是指研究区内人群由于年龄、健康、教育等诸多因素不同而造成人的素质不同，受研究区内特定的自然与社会条件影响而陷入贫困的可能性。

进行区域返贫易发性评估，目的是识别出待评价区域贫困发生概率，做出等级划分，为防返贫工作的各类行政决策提供科学依据。区域返贫易发性评估的基本思路是收集待评价区域内诱发贫困发生的自然、社会和经济资料，在地理信息系统（GIS）技术支持下，采用特定的定量分析方法，计算待评价区域贫困发生概率，并据此对待评价区域做出等级划分。进行区域返贫易发性评估，需要明确以下几个基本问题。

（一）区域性返贫风险评估方法

1. 评估单元的确定

精准扶贫是国家和政府组织实施的帮扶行为，其实施过程是以乡（镇）为基本行政单元，本书中的区域返贫风险评估也以乡（镇）为单元来开展工作，这样既体现了扶贫工作的实施过程，也能让本书中的区域返贫风险评估体现出相对"精准"的含义。

近年来，研究区内的乡（镇）单元变化比较大，部分乡镇被合并形成了新的行政单元。本书所采用的各类统计资料，特别是贫困人口的相关资料是以 2014 年建档立卡统计资料为准，故本书所采用的行政单元也以研究区内 2014 年行政区划单元为准。

2. 评估数学模型

本书采用的是确定性因子方法。确定性系数模型（CF）最早由绍特里夫（Shortliffe）和布坎南（Buchanan）提出，赫克曼（Heckerman）以此为基础进行改进。此模型是一个概率函数，属于双变量统计分析，可以用来分析贫困现象发生在各个因子之间的敏感程度。公式为：

$$CF = \begin{cases} \dfrac{PP_a - PP_s}{PP_a(1 - PP_s)}, PP_a \geq PP_s \\[3mm] \dfrac{PP_a - PP_s}{PP_s(1 - PP_a)}, PP_a \leq PP_s \end{cases} \qquad (6\text{-}1)$$

式中，PP_a 表示在影响因子 a 中每一单元存在的贫困人口数或面积与每一单元分级内总人口数或面积 a 的比值，由于本书中贫困发生率并不是一个可以确定具体位置的点要素，而是一个具体区域面的属性，所以并不以面积为计算此指标值的因素，而是以贫困人口贫困率的形式进行计算，即：

$$PP_a = \frac{该分级内的贫困人口数}{该分级内的总人口数} \qquad (6\text{-}2)$$

PP_s 为整个研究区贫困发生的概率，即：

$$PP_s = \frac{整个研究区内的总贫困人口数}{整个研究区内的总人数} \qquad (6\text{-}3)$$

在 PP_s 的计算中，总贫困人口数据为已知数据，整个研究区的总人数用已知贫困人口数和已知的区域贫困发生率可以计算得到。而 PP_a 的计算则较为复杂，各个级别分级后所呈现的区域分域必定与已知的乡镇行政分域不同，那么需将每一个乡镇内的贫困人口和总人口看作在乡镇区域内平均分布的，以此为前提，才可以利用面积来进行加权处理。利用地理信息系统软件处理功能，可以得到每个级别在每一乡镇区域内的面积，根据以上人口空间平均分布的假设，可以得到每个分级在每一乡镇内的贫困人口数和总人口数，再将该区域包含的所在乡镇部分进行加权处理，即可得到计算 PP_a 的两项数据：该分级内的贫困人口数和该分级内的总人口数。

在 PP_a 和 PP_s 计算完成后，即可得到 CF 值，CF 值为敏感型指数值，其范围为 [-1，1]。当 CF>0 时，贫困发生的概率高，易发性大，CF 越接近 1 越容易发生贫困，易发性就越大。当 CF=0 时，不能判断是否为贫困易发区。当 CF<0 时，贫困发生的概率小，易发性小，CF 越接近-1 越不容易发生贫困，易发性就越小。

3. 评价因子的选择

从造成研究区内贫困的原因来看，可以大致分为自然环境因素和人文环境因素两类。自然环境因素主要包括自然地形、气候、水文、土地利用等；人文环境因素主要包括人口、地域、交通、经济、教育和社会保障等。

确定评价因子时主要遵循以下原则。

（1）区域贫困诱因的主导性原则。在选择评价因子时，挑出能诱发本区域贫困的重要因子，剔除一般具有普遍特性的各类因子。例如，本书所包含的地理区域处于亚热带季风气候带，降水充沛，气候条件优越，因此，气候水文条件不是导致该区域贫困频发的主要因素。该区域地处我国地形的第二级阶梯向第三级阶梯过渡的部位，山高谷深、地形崎岖，地形条件成为制约该区域发展的重要因素。因此，地形因子成为评价的重要指标。

（2）因子指标数据的可获得性原则。有些指标在诱发贫困中具有重要的作用，但由于数据不易获取，或者数据的统计单元是县一级的指标，无法细分到乡镇这一级别的行政单元，尽管其重要性显而易见，但因为数据的不可获得或不易获得，本评价舍去该项指标。例如，经济指标中的国民生产总值，有关研究区内的教育、医疗条件指标等，往往是以县级单位进行统计，无法反映到乡镇这一级，故这些指标被舍去。

综上所述，最终评价因子确定为以下几类。

（1）海拔高度。海拔高度通常与地理环境的恶劣程度密切相关，高海拔地区通常是贫困人口较多特别是连片贫困村分布较密集的地区。相较于低海拔地区，高海拔地区修建各类基础设施的难度更大；高海拔地区的气候以及土壤特征对农作物的品种和产量都有重要的影响。另外，高海拔对人体的健康状况也有较大的影响。

（2）坡度。坡度作为一个重要的地形描述指标，经常用于分析区域贫困和地理环境的关系。坡度大小会影响居民居住条件和耕地条件。

（3）地表起伏度。地表起伏度作为一个地理概念，它的大小通常与很多产业是否具备发展条件相关。例如，地表起伏度会影响区域发展成本、农业生态环境、区域水土流失和区域扶贫成本等，而区域发展成本、农业生态环境、区域水土流失和区域扶贫成本又与贫困的发生具有紧密的联系。可以说，地表起伏度间接导致了贫困的发生。

地表起伏度的计算方法，是在给定大小的搜索窗口，在数字地面模型（DEM）数据中搜索其最高点和最低点的海拔高度，然后求两者之差，其单位为米。该指标没有明确的分级标准，需要根据各地的情况加以确定。

（4）道路网密度。道路网密度是衡量一个地方交通发达程度的重要指标，道路网密度越大，意味着该地区交通状况越发达。闭塞的交通条件会大大增加当地居民与外界交流的成本，阻碍当地的经济发展。

从道路网数据中提取乡镇范围内的公路总里程数，除以该乡镇的面积，即可得到该乡镇的道路网密度，其单位为公里/公里^2。该指标没有明确的分级标准，需要根据各地的情况加以确定。

（5）与县城的距离。县城作为一个县级的社会行政管理中心，通常也是县域内的经济、文化中心，对周边乡镇具有较强的辐射带动作用。与县城的距离反映了该地区受县城辐射带动作用的强度，一般来讲，距县城越远，受县城辐射带动作用越弱，贫困发生率提高、贫困程度加深的可能性越大。

这个指标的计算，是从行政区划图中将面元素转化为点元素，找出代表县城的点元素，然后计算各乡镇点元素与县城点元素之间的空间距离，其基本单位为公里。该指标没有明确的分级标准，需要根据各地的情况加以确定。

4. 评估结果的分级

在做好各个因子的单一影响程度分析后，运用地理信息系统软件将各评价因子值进行等权重叠加，以叠加的结果为基础采用自然断点法把返贫易发性分区分为 4 个等级：不易发区、低易发区、中易发区、高易发区。

（二）研究区国定贫困区市县返贫易发性评估

以研究区内三台县、剑阁县、苍溪县、青川县、昭化区、朝天区、旺苍县、南江县 8 个贫困人口众多、贫困程度较深的国定贫困区市县为研究对象开展研究工作。

1. 三台县

（1）基本情况

三台县隶属于四川省绵阳市，处在四川盆地北部，海拔高度为 275~641 米，多山，北部高、南部低。县内交通条件较好，公路总里程 3415 公里。三台县下辖 63 个乡镇，人口约 142 万。全县建档立卡贫困人口近 3 万户、8 万多人，省定贫困村 140 个，贫困发生率 6.53%。县内的贫困人口分散分布，有 63.8% 的贫困人口分布于非贫困村中，扶贫工作"插花式"扶贫特点比较突出。

（2）各因子分级及确定性系数计算

对海拔高度、坡度、地表起伏度、道路网密度和与县城的距离5个评价因子按照自然断点法进行分级，并在地理信息系统软件支持下计算出每个因子中的每一个分级的确定性系数（CF值），结果如表6-1所示。

表6-1 三台县各因子分级及其所对应的 CF 值

评价因子	分级	CF 值
海拔高度（米）	275.00~397.00	0.0792
	397.01~432.00	−0.0243
	432.01~463.00	−0.0180
	463.01~500.00	0.0150
	500.01~641.00	0.0370
坡度（度）	0.00~5.00	−0.1408
	5.01~10.00	0.0175
	10.01~15.00	0.0977
	15.01~25.00	0.1856
	25.01~75.00	0.2985
地表起伏度（米）	0.00~7.00	−0.1344
	7.01~15.00	0.0400
	15.01~23.00	0.1179
	23.01~33.00	0.2058
	33.01~98.00	0.2716
道路网密度（公里/公里^2）	0.00~0.30	−0.4687
	0.31~0.60	−0.1362
	0.61~0.90	0.0380
	0.91~1.20	−0.0375
	1.21~1.60	0.3221
与县城的距离（公里）	0.00~7.00	0.0398
	7.01~15.00	0.0073
	15.01~25.00	−0.2110
	25.01~35.00	−0.4126
	35.01~42.00	−0.7440

（3）返贫易发性评估

将各因子的 CF 栅格图进行叠加，得到返贫易发性评估的综合值，采用自然断点法将三台县返贫易发性区域分为 4 个等级：高易发区、中易发区、低易发区、不易发区。

①贫困高易发区。该区面积占研究区总面积的 16.46%，占比较小，主要有菊河乡、安居镇、宝泉乡、双乐乡、协和乡、广利乡、紫河镇、建中乡、郪江镇、双胜乡、龙树镇、永明镇等一些偏远的乡镇，空间上位于三台县边缘地区，大部分在南部地区，少部分在东北部及西北部地区边缘，距县城较远。另外，这些乡镇境内坡度较大，地表起伏度相对较高。

②贫困中易发区。该区面积占研究区总面积的 35.07%，占比最大，主要有景福镇、观桥镇、曙光乡、鲁班镇、幸福乡、新生镇、中新镇、断石乡、秋林镇、富顺镇、三元镇、忠孝乡、金鼓乡、立新镇、黎曙镇等乡镇。这些乡镇分布于三台县的中部偏南地区及东北部地区，分布较为分散。

③贫困低易发区。该区面积占研究区总面积的 26.36%，主要有西平镇、鲁班镇、古井镇、云同乡、建设镇、前锋镇、永新镇、高堰乡、刘营镇、灵兴镇、玉林乡、金石镇等乡镇，空间上位于三台县的中部偏西地区。

④贫困不易发区。该区面积占研究区总面积的 22.10%，主要有花园镇、芦溪镇、新鲁镇、建平镇、东安镇、潼川镇、北坝镇、新德镇、争胜乡、里程乡、老马乡、八洞镇、刘营镇、金石镇、凯河镇、中太镇、塔山镇等乡镇。这些乡镇主要位于三台县的中部地区及部分西部地区，距县城较近，海拔较低，坡度及地表起伏度较低。

2. 剑阁县

（1）基本情况

剑阁县位于四川盆地的北边，行政区划面积 3204 平方公里。境内地势西北高、东南低，地貌上以低山丘陵为主，海拔 500~700 米的

宽谷底山区约占总面积的 50%；海拔 700~1000 米的窄谷底山区约占
总面积的 40%。县内的交通条件较好，公路总里程 3697 公里，其中
等级公路 3063 公里，国道公路 144 公里，农村公路 2644 公里。全县
户籍总人口 65 万人，其中有 9.3 万多贫困人口。贫困村数量众多，
共有 163 个，占其行政村总数的 30%。剑阁县是国定贫困县，也是秦
巴山区集中连片特殊困难地区。

（2）各因子分级及确定性系数计算

对海拔高度、坡度、地表起伏、道路网密度和与县城的距离 5 个评
价因子按照自然断点法进行分级，并在地理信息系统软件支持下计算出
每个因子中的每一个分级的确定性系数（CF 值），结果如表 6-2 所示。

表 6-2　剑阁县各因子分级及其所对应的 CF 值

评价因子	分级	CF 值
海拔高度（米）	358.00~556.00	0.03360
	556.01~656.00	-0.02860
	656.01~757.00	-0.00544
	757.01~878.00	0.08890
	878.01~1244.00	-0.27700
坡度（度）	0.00~5.00	0.01370
	5.01~10.00	0.00501
	10.01~15.00	0.00185
	15.01~25.00	0.00549
	25.01~75.00	-0.03600
地表起伏度（米）	1.00~25.00	0.04710
	25.01~37.00	0.00490
	37.01~46.00	0.00694
	46.01~54.00	0.01020
	54.01~80.00	-0.05310
道路网密度（公里/公里²）	0.06~0.21	0.26000
	0.22~0.34	0.18800
	0.35~0.49	-0.04800
	0.50~0.70	-0.23500
	0.71~1.17	-0.44600

评价因子	分级	CF 值
与县城的距离（公里）	0.00~20.00	-0.1880
	20.01~35.40	-0.1570
	35.41~46.40	-0.0618
	46.41~56.00	0.2020
	56.01~68.10	0.2030

从表6-2中所示的各因子分级及其所对应的CF值来看，在地形因子中，由于剑阁县的海拔普遍不高，其在诱发贫困中作用不大；作用比较明显的是坡度因子，随着地形坡度的增大，CF值增大，表明随着坡度的增加，贫困发生的可能性增大。值得注意的是，表6-2中在坡度大于25度的区域贫困发生率极低，其原因是这个区域居住的人口比较少。

剑阁县道路交通因子对贫困的发生具有显著影响。从道路网密度的CF值的变化可以看出，随着道路网密度的提升，CF值减少。这表明，道路网密度大，发生贫困的可能性较小；道路网密度小，发生贫困的可能性大。距离县城远近对贫困发生的影响也较大，呈现离县城越远，受县城社会经济辐射带动作用越弱，其贫困发生的可能性越大的规律。

（3）返贫易发性评估

在计算出每个因子的CF值之后，对海拔高度、坡度、地表起伏度、道路网密度和与县城的距离5个评价因子的CF栅格图进行叠加，获得的结果经过自然断点法分类，将剑阁县返贫易发性区域分成4个等级：高易发区、中易发区、低易发区、不易发区。

①贫困高易发区。主要集中在剑阁县南部边缘的几个乡镇，包括马灯乡、碗泉乡、公店乡、元山镇、演圣镇、长岭乡、涂山镇、碑亚乡、锦屏乡等乡镇。这些乡镇距县城较远，境内道路网稀疏，交通条件较差，受县城辐射带动作用较弱。除此以外，这些乡镇的产业结构十分单一，大多以农业为主，缺乏工业能力。

②贫困中易发区。剑阁县的大部分地区都划分贫困为中易发区，主要集中在剑阁县中部与南部地区。这些乡镇的共性问题是，人口较少，大部分都不超过 1 万人，且劳动力流失严重，劳务输出人口比例很大。

③贫困低易发区。该区域所占面积相对于剑阁县总面积来说较小。主要分布于剑阁县县城所在地下寺镇和原剑阁县县城所在地普安镇附近，如柳沟镇、城北镇和田家乡。需要注意的是，还有一些独立存在的低易发区，例如，金仙镇和香沉镇镇内有四川省的省级文物保护单位，具有不错的旅游资源，而香沉镇更是在 2001 年被广元市授予"小康镇"称号。

④贫困不易发区。集中在下寺镇、上寺乡、东宝镇、秀忠乡、开封镇、白龙镇、普安镇和柏垭乡的大部分地区，以及盐店镇、姚家乡、汉阳镇和剑门关镇的小部分地区。下寺镇是县城所在地，社会经济条件好，不易发生贫困现象；普安镇是曾经的县城所在地。其他贫困不易发区如东宝镇具有自身的独特产业，其贡米知名度很高；白龙镇则是剑阁县南部地区的重要中心城镇。

3. 苍溪县

（1）基本情况

苍溪县坐落于四川省的东北部，位于秦巴山脉南麓、嘉陵江的中游，是广元市所辖的一个县。境内地形地貌十分复杂，海拔东北高、西南低，大部分区域是低山丘陵地区，最高的山峰为九龙山，海拔 1377 米；海拔最低为嘉陵江出境处，海拔为 352 米。苍溪县境内的交通状况良好，存在多条水运、陆运、铁路、公路等运输方式，公路总里程 3906 公里。苍溪县户籍总人口约 76 万人，其中贫困人口约 86000 人，全县贫困人口规模大、分布范围广，贫困程度深。

（2）各因子分级及确定性系数计算

对海拔高度、坡度、地表起伏度、道路网密度和与县城的距离 5 个评价因子按照自然断点法进行分级，并在地理信息系统软件支持下计算出每个因子中的每一个分级的确定性系数（CF 值），结果如

表 6-3 所示。

表 6-3 苍溪县各因子分级及其所对应的 CF 值

影响因子	分级	CF 值
海拔高度（米）	0.00～528.00	−0.2302
	528.01～678.00	0.0265
	678.01～859.00	0.1790
	859.01～1357.00	0.3086
坡度（度）	0.00～9.00	−0.0887
	9.01～16.00	−0.0315
	16.01～24.00	0.0311
	24.01～33.00	0.0973
	33.01～66.00	0.1596
地表起伏度（米）	0.00～101.00	−0.2095
	101.01～152.00	−0.0332
	152.01～205.00	0.0722
	205.01～279.00	0.1110
	279.01～520.00	0.2556
道路网密度（公里/公里^2）	0.16～0.31	0.2590
	0.32～0.48	0.1405
	0.49～0.60	0.1761
	0.61～0.87	0.2015
	0.88～1.32	−0.7478
与县城的距离（公里）	1.00～10.00	−0.5656
	10.01～20.00	0.2001
	20.01～32.00	0.0517
	32.01～45.00	0.0829
	45.01～58.00	0.4166

从表 6-3 中所示的各因子分级及其所对应的 CF 值来看，在地形因子中，海拔高度对苍溪县境内贫困的发生有着直接影响。当海拔越高，其 CF 值越大，发生贫困的可能性越大；海拔越低，其 CF 值越

低，发生贫困的可能性越低。其他两个地形因子指标即坡度和地表起伏度，对贫困发生的影响与海拔高度指标呈现相同的规律。

交通因子对贫困发生可能性及贫困程度的影响，呈现两端明显、中间模糊的特点。道路网密度最大的乡镇，贫困发生的可能性最小；道路网密度最小的乡镇，贫困发生的可能性最大；处于中间位置的乡镇的贫困发生可能性与道路网密度没有直接联系。距离县城最近区域贫困发生可能性最小；距离县城最远的区域贫困发生的可能性最大；但与县城之间的距离处于适中范围的区域，不能直接得出距离与贫困的发生有着直接关联。

（3）返贫易发性评估

在计算出每个因子的 CF 值之后，对海拔高度、坡度、地表起伏度、道路网密度和与县城的距离 5 个评价因子的 CF 栅格图进行叠加，获得的结果经过自然断点法分类，将苍溪县返贫易发性区域分成 4 个等级：高易发区、中易发区、低易发区、不易发区。

①贫困高易发区。主要分布在苍溪县高海拔、地表起伏度大的区域，主要有文昌镇、彭店乡、石马镇、白山乡、高坡镇、黄猫乡、龙洞乡、新观乡、龙王镇、鸳溪镇、禅林乡等乡镇。同时，这些乡镇距离县城较远，受县城的辐射带动作用较弱。

②贫困中易发区。一般位于丘陵区域、海拔不高的乡镇，主要有龙山镇、双河乡、河地乡、东溪镇、石门乡、浙水乡、八庙镇、永宁镇的大部分区域，其分布比较集中。

③贫困低易发。该类型区域占比较小，一般分布在低山区域，距离县城比较近，包括云峰镇、东青镇、歧坪镇、白驿镇等乡镇，这些乡镇的平均海拔高度属于低山或者平原区域。

④贫困不易发区。主要是陵江镇，该镇是苍溪县县城所在地，海拔低，交通条件优越，社会经济条件较好。

苍溪县贫困现象空间分布与地理环境优劣具有高度的一致性，贫困易发区的划分与地形条件的优劣也具有高度的相关性。贫困高易发区主要在县域内的东北和北部的高山区域，几乎和海拔分布重叠，这一区域占研究区的22%。贫困中易发区主要分布在苍溪县的丘陵区域，位于苍溪县的中部和西南部地区，这个区域大致占研究区面积的50%。贫困低易发区主要位于距离县城比较近的平原低山区域，这一部分占研究区的20%。而不易发区几乎与县城重叠，在整个研究区域的占比最小，主要位于苍溪县县城区域，占苍溪县总面积的8%。

4. 青川县

（1）基本情况

青川县是四川省广元市的一部分。地形略呈新月状，地势东南低、西北高，海拔在491～3837米，以中山地形为主，此外，还有低中山、低山、丘陵、台地、谷地、小平坝等地形。因为处于广元摩天岭与广元龙门山脉的交界点和很多个大型地质构造断裂带，所以青川县自古以来都属于一个地震频发的典型地区。全县交通条件一般，普通高速公路总建设里程2473公里，还有宝成铁路、兰渝铁路等铁路过境。全县总人口约23万人，贫困人口约3.1万人，贫困面广，贫困程度深，是国定贫困县之一。

（2）各因子分级及确定性系数计算

对海拔高度、坡度、地表起伏度、道路网密度和与县城的距离5个评价因子，按照自然断点法进行分级，并在地理信息系统软件支持下，计算出每个因子中的每一个分级的确定性系数（CF值），结果如表6-4所示。

表6-4　青川县各因子分级及其所对应的CF值

影响因子	分级	CF值
海拔高度（米）	0.00～900.00	−0.165
	900.01～1200.00	0.021
	1200.01～1500.00	0.130
	1500.01～2000.00	0.044
	>2000.00	0.139

续表

影响因子	分级	CF 值
坡度（度）	0.00~5.00	-0.212
	5.01~10.00	-0.147
	10.01~15.00	-0.089
	15.01~25.00	-0.028
	>25.00	0.026
地表起伏度（米）	00.00~24.00	-0.114
	24.01~39.00	-0.012
	39.01~54.00	0.014
	54.01~74.00	0.071
	≥74.00	0.135
道路网密度（公里/公里^2）	0.00~0.50	0.238
	0.51~1.00	-0.121
	1.01~1.50	-0.506
	1.51~2.00	—
	>2.00	-0.625
与县城的距离（公里）	0.00~11.37	-0.402
	11.38~22.13	0.177
	22.14~29.36	0.321
	29.37~39.08	0.181
	>39.08	-0.259

　　从表 6-4 中所示的各因子分级及其所对应的 CF 值来看，青川县贫困的发生与地形因子存在显著的关联性。CF 值随坡度的逐渐增加而增加，表明坡度越大，贫困发生率越高。CF 值随地表起伏度也呈现线性规律，地表起伏度越大，CF 值越高，表明贫困发生的可能性越大。通过对海拔高度与 CF 值的研究发现，二者呈现一定的正相关规律，即海拔越高，贫困发生率越高。在道路因子分析当中，CF 值随道路网密度的逐渐变大而减小，且具有一定的线性规律，道路网密度越大，贫困发生率越低，即道路网密度与贫困发生率成反比。

（3）返贫易发性评估

在计算出每个因子的 CF 值之后，对海拔高度、坡度、地表起伏度、道路网密度和与县城的距离 5 个评价因子的 CF 栅格图进行叠加，采用自然断点法把青川县返贫易发性区域分为 4 个等级：高易发区、中易发区、低易发区、不易发区。

①贫困高易发区。一般位于海拔高度、坡度、地表起伏度较大，道路网密度小，距离县城远的乡镇，主要分布在青川县的中西部和东部地区，包括嵩溪回族乡、桥楼乡、乐安寺乡、曲河乡、前进乡、大坝乡、黄坪乡、三锅镇、关庄镇、苏河乡、茶坝乡、楼子乡、姚渡镇、营盘乡等乡镇。贫困高易发区比较集中，与地形地貌有较大的关系。

②贫困中易发区。该类型呈分散分布，主要位于西部地区的清溪镇、房石镇、马公乡、石坝乡和红光乡，这些地区海拔较高，坡度和地表起伏度不大，道路网密度较小，距离县城最远，贫困的发生主要受地理环境因素影响较大；位于中部和东北部地区的大院回族乡、茅坝乡、凉水镇、七佛乡、观音店乡和沙州镇，这些地区海拔较低，距离县城较远，坡度和地表起伏度不大，贫困的发生主要受交通条件的影响较大。

③贫困低易发区。一般分布在低山区和距离县城比较近的区域，包括乔庄镇、孔溪乡、瓦砾乡、板桥乡、骑马乡等乡镇，这些乡镇坡度、地表起伏度和海拔较低，道路网密度较大；马鹿镇坡度和地表起伏度低、海拔低、道路网密度较大，但距离县城较远，也属于低易发区。低易发区贫困的发生受社会因素和地理环境的共同影响。

④贫困不易发区。主要分布在竹园镇、金子山乡和木鱼镇，因为这几个乡镇大多处于低山平原地区。竹园镇和金子山乡道路网密度大、海拔低、坡度低、地表起伏度低，虽距离县城较远，但与外界交流方便。木鱼镇海拔低、坡度低、地表起伏度低、距离县城较近，而且邻近水域，虽然交通不太便利，但有着得天独厚的自然条件和地理区位优势，贫困相对不易发生。

5. 昭化区

（1）基本情况

昭化区（隶属广元市）地处四川盆地的边缘，以丘陵、中低高度山脉居多，地势北高南低、延缓下降，江河溪沟纵横，山体切割强烈，地表起伏不平，地貌复杂多样。区内交通条件较好，全区境内公路总里程 3540 公里。昭化区境内人口约 23 万，其中贫困人口 26000 多人，贫困人口数量众多，贫困面广，贫困程度较严重，是国定贫困县。

（2）各因子分级及确定性系数计算

对海拔高度、坡度、地表起伏度、道路网密度和与县城的距离 5 个评价因子按照自然断点法进行分级，并在地理信息系统软件支持下计算出每个因子中的每一个分级的确定性系数（CF 值），结果如表 6-5 所示。

表 6-5　昭化区各因子分级及其所对应的 CF 值

影响因子	分级	CF 值
海拔高度（米）	309.00~560.00	−0.101
	560.01~687.00	−0.015
	687.01~810.00	−0.013
	810.01~937.00	0.081
	937.01~1430.00	0.065
坡度（度）	0.00~9.00	−0.030
	9.01~15.00	0.009
	15.01~21.00	0.019
	21.01~31.00	0.007
	>31.00	−0.033
地表起伏度（米）	0.00~30.00	−0.037
	30.01~46.00	0.017
	46.01~65.00	0.028
	65.01~95.00	−0.015
	95.01~245.00	−0.068

影响因子	分级	CF 值
道路网密度（公里/公里^2）	0.11~0.33	0.272
	0.34~0.55	0.053
	0.56~0.77	0.156
	0.78~0.99	0.065
	>0.99	-0.366
与县城的距离（公里）	0.00~5.80	0.017
	5.81~6.90	0.006
	6.91~7.70	0.072
	7.71~9.50	-0.236
	9.51~11.50	0.153

从表 6-5 中所示的各因子分级及其所对应的 CF 值来看，昭化区贫困的发生与地形因子存在显著的关联性。从高程上看，低于810 米区域 CF 值为负值，为贫困不易发区域；810.01~937.00 米区域的 CF 值最高，即昭化区在此高程上贫困易发程度最高；高于 937米区域 CF 值有所下降，表明随着高度的升高，居民人数减少，贫困人口数也有一定程度的减少。坡度的影响呈现两头略低、中间略高的态势。平缓区域的贫困发生受坡度影响小，CF 值为负值；生活在大于 31 度的区域人口较少，其贫困发生亦较少，CF 值同样呈现负值状态；中间区域的 CF 值虽然都不大，但都呈正值状态，表明其对贫困的发生有正面影响。地表起伏度的影响与坡度的影响情况相似。道路网密度对贫困发生率的影响比较明显，总体表现为低密度区域贫困易发生，当道路网密度接近于 1 时，其 CF 值才呈现负值状态。

（3）返贫易发性评估

将各个因子分级的贫困人口和分级区域人口进行统计，综合计算后采用自然断点法把昭化区返贫易发性区域分为 4 个等级：高易发区、中易发区、低易发区、不易发区。

①贫困高易发区。主要包括大朝乡、明觉镇、紫云乡、晋贤乡、王家镇、石井铺镇、太公镇和张家乡等乡镇。这些地区地形起伏度大、交通条件较差，大多为农业区，产业结构单一，以上复杂因素使得这些乡镇贫困现象易发多发。

②贫困中易发区。包括磨滩镇、梅树乡、白果乡、梅树乡、卫子镇和清水乡等乡镇。这些乡镇道路条件一般，尤其是乡村道路条件不佳，地形起伏度较大、海拔偏高，其周边乡镇大多是贫困高易发区，受中心乡镇辐射较弱。

③贫困低易发区。主要有黄龙乡、丁家乡、陈江乡、红岩镇、朝阳乡、昭化镇和沙坝乡等乡镇。这些乡镇地势低平，道路网密度较大，交通条件优越。

④贫困不易发区。主要是昭化镇，该镇外接广元市区，地势低平，旅游资源充足，发展条件优越。

6. 朝天区

（1）基本情况

朝天区（隶属广元市）位于川陕甘三省交界的边陲地带，境内地势北部多山区、中部平坦多河谷、西南部分低山区。朝天区是四川省与陕西省重要的交通枢纽，境内有宝成铁路、国道 108 线等交通干线，并有嘉陵江航道，向北连通大滩镇，向南可以到达广元市市区，各种道路总计达 1000 多公里，全区乡镇全部通车。人口近21 万人，贫困人口约 25000 人，贫困人口众多，贫困面广，贫困程度较严重。

（2）各因子分级及确定性系数计算

对海拔高度、坡度、地表起伏度、道路网密度和与县城的距离5 个评价因子按照自然断点法进行分级，并在地理信息系统软件支持下计算出每个因子中的每一个分级的确定性系数（CF 值），结果如表 6-6 所示。

表 6-6　朝天区各因子分级及其所对应的 CF 值

影响因子	分级	CF 值
海拔高度（米）	<800.00	-0.2083
	800.00~1000.00	-0.0123
	1000.01~1200.00	0.1016
	1200.01~1500.00	0.1623
	>1500.00	-0.0451
坡度（度）	<12.00	-0.8840
	12.00~20.00	-0.6748
	20.01~30.00	-0.3257
	30.01~40.00	0.4067
	>40.00	0.9815
地表起伏度（米）	<90.00	-0.2893
	90.00~130.00	0.1750
	130.01~180.00	0.3064
	180.01~230.00	-0.2502
	>230.00	-0.0120
道路网密度（公里/公里^2）	<0.15	0.5991
	0.15~0.30	0.0547
	0.31~0.35	-0.6644
	0.36~0.50	-0.6865
	>0.50	-0.6609
与县城的距离（公里）	<8.00	-0.3528
	8.00~13.00	0.2107
	13.01~16.00	-0.6576
	16.01~22.00	0.1360
	>22.00	0.6787

在地形因子中，海拔高度的 CF 值计算结果表明，海拔在 1200.01~1500.00 米的 CF 值最高，即朝天区在此海拔高度上贫困发生可能性最高。整体来说，CF 值随着海拔高度的增加呈现递增的趋势。但在海拔大于 1500 米时 CF 值有所下降，这表明海拔较高，限制了人类的居住环境，居民人数减少，贫困人口数也有一定程度的减少，进而使得贫困发生的可能性相对下降。坡度的 CF 值计算结果表明，坡度与

贫困的发生具有较为紧密的联系，CF 值以及贫困人口数整体上随着坡度的增加呈现递增的趋势。

在交通因子中，道路网密度的 CF 值计算结果表明，道路网密度与贫困的发生具有较为紧密的联系，表现为 CF 值在整体上都随着道路网密度的增加呈现递减趋势，即道路网密度越大，CF 值越小，该地区贫困发生的可能性越低。

（3）返贫易发性评估

将各个因子分级的贫困人口和分级区域人口进行统计，综合计算后采用自然断点法把朝天区返贫易发性区域分为 4 个等级：高易发区、中易发区、低易发区、不易发区。

①贫困高易发区。主要包括汪家乡、李家乡、两河口乡、青林乡、马家坝乡、文安乡、柏杨乡、花石乡、鱼洞乡、小安乡。这些乡镇总体来说距区政府所在地远、地形条件差、交通条件差。

②贫困中易发区。包括大滩镇、陈家乡、车溪河镇、羊木镇、西北乡、麻柳乡等。这些乡镇地形条件较差，距区政府所在地较远，交通闭塞，耕地资源较少，社会经济发展受限较多。

③贫困低易发区。包括浦家乡、临溪乡、曾家镇、平溪乡和转斗镇等。这些乡镇境内矿产、林产资源丰富，交通条件较好，社会经济发展有一定的依托。

④贫困不易发区。包括中子镇、朝天镇和沙河镇等。这几个乡镇自然条件相对优越，交通条件较好，工业企业相对较多。嘉陵江沿岸的阶地给朝天镇、沙河镇提供了相对平整的土地，同时朝天镇是区政府所在地，沙河镇距离朝天镇和广元市市区较近，受市区的经济辐射影响较强。中子镇地处山间小盆地，高速公路和铁路都途经该镇，社会经济条件相对优越。

7. 旺苍县

（1）基本情况

旺苍县地处四川盆地北部的边缘地带，位于中低山区，境内地势

101

北高南低、腹部低平。地貌呈北部群峰雄踞，南部崇山突兀，腹部丘坝相间、溪河交错。旺苍县境内交通发达，公路总里程可达5243公里。户籍人口约46万人，其中贫困人口5.3万人，贫困人数众多，贫困面广，贫困程度深，是国定贫困县之一。

（2）各因子分级及确定性系数计算

对海拔高度、坡度、地表起伏度、道路网密度和与县城的距离5个评价因子，按照自然断点法进行分级，并在地理信息系统软件支持下计算出每个因子中的每一个分级的确定性系数（CF值），结果如表6-7所示。

表6-7　旺苍县各因子分级及其所对应的CF值

影响因子	分级	CF 值
海拔高度（米）	0.00~700.00	−0.143
	700.01~990.00	0.003
	990.01~1350.00	0.075
	1350.01~1926.00	0.222
	1926.01~3810.00	0.253
坡度（度）	0.00~11.00	−0.138
	11.01~19.00	−0.032
	19.01~28.00	0.016
	28.01~38.00	0.070
	38.01~76.00	0.110
地表起伏度（米）	0.00~19.00	−0.116
	19.01~33.00	−0.011
	33.01~49.00	0.052
	49.01~72.00	0.094
	72.01~315.00	0.131
道路网密度（公里/公里^2）	0.00~0.0478	0.386
	0.0479~0.1765	0.214
	0.1766~0.3120	0.248
	0.3121~0.4541	0.080
	0.4542~0.7395	−0.549

续表

影响因子	分级	CF 值
与县城的距离（公里）	0.00~10.70	−0.512
	10.71~19.90	0.241
	19.91~29.60	0.178
	29.61~36.00	0.243
	36.01~48.00	0.212

旺苍县返贫易发性计算结果显示：海拔处在 1264~2279 米、坡度在 41~75 度、地表起伏度大于 83 米、距离县城 29~36 公里、道路网密度小于 0.05 公里/公里^2 的地区贫困发生的概率最大。

结合与地理环境有关的因素所得到的 CF 值发现，随着海拔的升高、地表起伏度和坡度的增大，CF 值逐渐从负值变为正值，数值逐渐增大，且最大值与最小值的差值较大。这说明，恶劣的地理环境对区域发展产生制约，增大了贫困发生的概率；反之，地理环境较为优越的地区贫困发生的概率就小。

同时，通过分析计算得出的 CF 值可知，道路网密度小于 0.05 公里/公里^2 时的 CF 数值最大。当距离县城超过一定范围时，CF 值从负值显著增加到较大正值，并超过了其他影响因子在同一等级下的 CF 值，这表明县城附近一定区域范围内的贫困发生率很低，超过一定距离后，县城对人口集聚与经济发展的辐射能力明显减弱，贫困发生率显著上升。

（3）返贫易发性评估

将各个因子分级的贫困人口和分级区域人口进行统计，综合计算后采用自然断点法，把旺苍县返贫易发性区域分为 4 个等级：高易发区、中易发区、低易发区、不易发区。

①贫困高易发区。主要位于旺苍县海拔较高、地表起伏度大、坡度较陡的区域。山地较多的麻英乡、燕子乡、双汇镇、正源乡、福庆

乡、天星乡、国华镇、盐河乡、英萃镇、水磨乡、大两乡、五权镇、万山乡的高易发区域占比很大，特别是山地占了绝大部分的大两乡和万山乡，几乎全部区域是贫困高易发区。

②贫困中易发区。主要分布在万家乡、鼓城乡、白水镇、化龙乡和农建乡，零散分布在其他大部分乡镇中。这些乡镇的平均海拔低于贫困高易发区的乡镇，各个乡镇的道路网密度也不小。

③贫困低易发区。主要分布在距离县城不太远且平地占比较多的区域，如尚武镇、高阳镇、黄洋镇、木门镇、金溪镇和大德乡。在万家乡、鼓城乡、大河乡、白水镇、北龙乡也零散分布贫困低易发区，而这几个乡镇基本上距离县城不远或平地较多。

④贫困不易发区。主要分布在东河镇和嘉川镇，东河镇是旺苍县县城所在地，嘉川镇靠近县城。两镇平地分布较广、道路网密度较大且经济发展相较于其他乡镇更好。

8. 南江县

（1）基本情况

南江县是四川省巴中市辖县，位于四川省东北边缘，面积 3389 平方公里。境内地势北高南低，最低海拔 370 米，最高海拔 2507 米，平均海拔 1100 米。境内地形复杂、溪沟纵横、山水相依。南江县境内交通条件较好，截至 2018 年底，南江县通车里程 5359 公里。全县户籍人口约 65.3 万，其中贫困人口约 6.5 万人，贫困人口多，贫困面广，贫困程度深，是国定贫困县之一。

（2）各因子分级及确定性系数计算

对海拔高度、坡度、地表起伏度、道路网密度和与县城的距离5 个评价因子按照自然断点法进行分级，并在地理信息系统软件支持下计算出每个因子中的每一个分级的确定性系数（CF 值），结果如表 6-8 所示。

表 6-8 南江县各因子分级及其所对应的 CF 值

影响因子	分级	CF 值
海拔高度（米）	0~808.0	-0.230
	808.1~1150.0	0.125
	1150.1~1568.0	0.379
	1568.1~2487.0	0.409
坡度（度）	0~10.0	-0.079
	10.1~17.5	-0.026
	17.6~24.6	0.033
	24.7~32.5	0.099
	32.6~69.7	0.159
地表起伏度（米）	0~51.0	-0.208
	51.1~85.0	-0.048
	85.1~121.0	0.084
	121.1~168.0	0.215
	168.1~439.0	0.288
道路网密度（公里/公里^2）	0~0.268	0.282
	0.269~0.463	0.144
	0.464~0.703	0.153
	0.704~0.925	0.213
	0.926~1.439	-0.853
与县城的距离（公里）	0~11.0	-0.522
	11.1~19.0	0.203
	19.1~27.0	0.053
	27.1~35.0	0.083
	35.1~43.0	0.512

（3）返贫易发性评估

将各个因子分级的贫困人口和分级区域人口进行统计，综合计算后采用自然断点法，把南江县返贫易发性区域分为 4 个等级：高易发区、中易发区、低易发区、不易发区。

①贫困高易发区。一般位于海拔、坡度、地表起伏度都比较大的

乡镇，分布在南江县的高山地带。主要有双流镇、凤仪乡、傅家乡、八庙乡、兴马乡、赶场镇、红岩乡、贵民乡、沙坝乡、关坝镇、东榆镇等。贫困高易发区比较集中，大部分在南江县的东北部地区，与地形地貌有很大的关系。

②贫困中易发区。一般位于丘陵区域，海拔不是很高、地表起伏度较小的乡镇。主要有元谭乡、仁和乡、正直镇、北极乡、大河镇、关路乡、关田乡、汇滩乡、坪河乡、桥亭乡、石滩乡。贫困中易发区分布也比较集中，各乡镇规模较大，呈集中式分布。

③贫困低易发区。低易发区占比适中，一般分布在低山区和距离县城比较近的区域。零散分布在光雾山镇、天池镇、黑潭乡、下两乡、平岗乡、寨坡乡、流坝乡、乐坝镇、团结乡、燕山乡、朱公乡等乡镇，这些乡镇的平均海拔属于低山或者平原区域。其他乡镇贫困低易发区的面积占比很小，主要集中在各乡镇海拔、坡度低的区域，在高海拔乡镇分布则十分分散。

④贫困不易发区。相对集中地分布在红四乡、沙河镇、长赤镇、南江镇、侯家乡、高塔乡、八庙乡、上两乡等乡镇，这些乡镇是南江县平均海拔最低的几个乡镇，同时，这些乡镇的道路网密度大。此外，南江镇是南江县的县城，经济发展较好，符合贫困不易发区地分区条件。但贫困不易发区在所有分区中占比最小。

（三）其他区市县的返贫风险评估

考虑各地的地形条件、交通条件、文教卫生条件以及社会经济水平等因素，对其他区市县进行返贫风险的粗略评估。将其他区市县的返贫风险分为以下等级。

1. 返贫极低风险区

主要包括大邑县、崇州市、都江堰市、彭州市、绵竹市、什邡市、广汉市、旌阳区、游仙区、涪城区等区市县。这些区市县境内地形平坦、交通发达，是成都平原的核心地区或者是所在地的中心城市，经济发展良好，有的贫困发生率甚至为 0。因此，这些区市县发生返贫的风险极低。

2. 返贫较低风险区

主要包括江油市、梓潼县、安州区、罗江县、中江县、荥经县、雨城区、天全县等。这些区市县的地形条件优劣参半，每个区市县内既有山前平原区，也有低山丘陵区，交通条件比较好。境内地形平坦区经济发达，贫困现象少发低发；低山丘陵区经济发展略差，有贫困现象发生。因此，这些区市县内条件较差的地区存在一定的返贫风险，可划归为返贫较低风险区。

3. 返贫中风险区

主要包括石棉县、芦山县、宝兴县、名山区、汉源县、阆中市、利州区、盐亭县等。这些区市县的地形条件较差，交通条件尚可，经济发展一般，既有贫困发生率较高，因此，这些区市县的返贫风险比较高，属于返贫中风险区。

4. 返贫高风险区

主要包括汶川县、茂县、北川羌族自治县、平武县、九寨沟县、理县、松潘县、小金县、黑水县等。这些县地处高山地区，境内海拔高、坡度陡，交通条件不好，经济发展较差，大都是少数民族聚集区，既有贫困发生率高。因此，这些县发生返贫的风险高，属于返贫高风险区。

从上文分析可看出，自然环境越差的地方返贫的风险就越高，因此，恶劣的自然条件是导致区域性贫困和返贫的最主要因素。这个因素并不会随着扶贫工作的结束而消失，恶劣的自然条件在后扶贫时期和可持续发展时期会继续发挥消极作用。

研究区地处龙门山区域，降水充沛、日照充足、水热同期，是优越的气候条件区，但该区山势险恶、地形陡峻，恶劣的地形条件是该区域内恶劣的自然环境最主要的表现。受此影响，山区居民的居住条件差、耕地资源少、交通不便。因此，地形条件差成为该区域返贫的最主要环境因素。

另外，受地震的影响，龙门山区域的地质脆弱，再加上近年来极端天气频发，使得山洪、滑坡、泥石流等山地灾害广发、频发，成为山区返贫的重要因素。比如 2010 年的"8·13"山洪泥石流，受灾最严重的几乎都是汶川地震极重灾区或重灾区。2013 年汶川"7·10"特大泥石流是汶川县继汶川特大地震之后遭受的最严重的自然灾害，致使 5 年发展的增量毁于一旦。2017 年"6·24"茂县叠溪镇新磨村山体高位垮塌、2019 年汶川"8·20"特大山洪泥石流等都造成了重大的人员伤亡和财产损失。

汶川特大地震给灾区留下了广发、频发的自然灾害"后遗症"，导致灾后重建的交通道路、农田水利等部分基础设施损毁严重，生态修复工程任务艰巨；致使很多地方的群众多次建房，经济压力非常大，不少人因此返贫。另外，这些自然灾害破坏严重、影响范围广、恢复时间长等特点，也在很大程度上制约了当地后续的经济发展振兴。

二 个体性返贫风险评估

脱贫人口是否再次返贫，除了外部的环境影响因素之外，脱贫人口自身的条件也是一个非常重要的因素。通过对 2014 年汶川地震灾区建档立卡贫困户数据的综合分析和研判，可以把各类贫困人员致贫原因大致分为：因病、因残致贫型，因学致贫型，缺资金、缺技术型，缺劳力型，发展动力不足型和其他原因致贫型。在经过脱贫攻坚之后，各类致贫因素受到很大限制，但有些因素会长期存在，不易彻底消除，致使脱贫群体中还有一些人存在一定的返贫风险。

（一）结合区域性返贫风险的个体性返贫风险评估

在对 2014 年建档立卡原始数据的调查中发现，从汶川县所获得的数据最为详细，能精确到每一个乡镇中每一个贫困人口的致贫原因，为个体性返贫风险综合评估提供了有力支撑。下文以汶川县为例，首先，提取汶川县的区域返贫环境风险评估结果；其次，对社会经济条件进行赋值与量化。虽然贫困人口的致贫原因有很多，但在实践中发现，因病、因残致贫人口所占比例最大，不仅脱贫困难，即使在外界帮助下脱贫之后，也最容易返贫，因此，这部分人口返贫风险最高；因学致贫贫困人口比较容易脱贫，脱贫之后也不易返贫，返贫风险最低。按照个体返贫风险程度的不同，本书对各类贫困人口的脱贫难易程度进行量化，得到表 6-9。表 6-9 中采用 0~1 的打分法，越接近 1，代表脱贫成功度越高、返贫风险越低；越接近 0，代表脱贫成功度越低、返贫风险越高。

表 6-9　各类贫困人口的脱贫难易程度量化情况

类型	致贫原因	类型赋值
1	无劳动力、因病因残	0.1
2	耕地匮乏、因灾失地	0.3
3	缺乏劳动力	0.5
4	缺乏资金、技术	0.7
5	因学因素	0.9

以乡镇为单位进行统计计算脱贫指数，计算公式为：

$$脱贫指数 = \frac{\sum_1^5 （户数×类型赋值）}{总户数}$$

汶川县各乡镇的脱贫指数计算如图 6-1 所示。

由图 6-1 可看出，雁门乡脱贫指数最高，达到 0.7；三江镇脱贫指数最低，仅有 0.32。

利用汶川县的数字地面模型（DEM），进行各乡镇的地形条件评估。首先要提取海拔高度、地表起伏度、坡度这 3 个对人类生产生活有直接影响的指标，将其分级赋值。地形条件综合因子值=0.2×海拔高度因子评价值+0.5×坡度因子评价值+0.3×地表起伏度因子评价值，进行加权综合后，得到地形条件综合评价；然后与脱贫指数图相乘后叠加，计算各乡镇的综合得分。由计算结果可看出，雁门乡综合得分较高，说

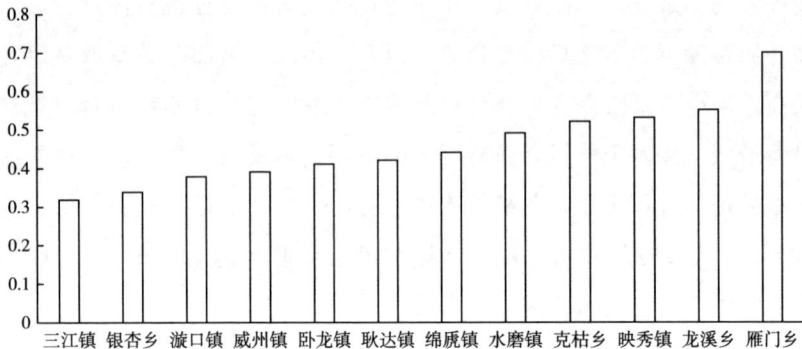

图 6-1　汶川县各乡镇的脱贫指数

明该乡镇自然条件相对优越，贫困人口脱贫指数较高，因病、因残致贫人口较少，贫困人口脱贫后返贫的风险较低，可划分为返贫低风险区；三江镇、银杏乡和漩口镇综合得分较低，说明它们的地形条件较差，贫困人口脱贫指数较低，被划分为返贫高风险区。其他乡镇中，映秀镇、水磨镇、克枯乡、龙溪乡等乡镇综合得分相近，被划分为返贫较低风险区；威州镇、卧龙镇、耿达镇、绵虒镇被划分为返贫较高风险区。

这种以乡镇为单位的风险评估结果，可以比较清晰地反映出县域范围内各乡镇返贫风险程度的高低，为县域范围内的返贫风险宏观预警工作提供决策依据，也可以用来指导境内的防返贫工作。

以上评估方法具有一定的普适性，其他区市县在资料翔实的情况下，亦可以做出类似的返贫风险评估。另外，评估结论也具有一定的代表性，对汶川地震灾区其他区市县具有普遍指导意义。即地形条件越差、因病致贫人口比例越高的区域，返贫风险越高。

（二）特定类型人员返贫风险评估

综合汶川地震灾区各地的实际情况来看，随着各地城镇化进程的加速，人口的流动规模在加大，速度在加快。首先，各区市县都有大量的人口流失现象，优质的人口资源愈来愈向成都市、绵阳市、广元市等大中城市流动。其次，区市县域内的人口流动规模也比较大，区市县内自然条件好、经济发达的乡镇，特别是县城所在地成为主要目的地；而地处偏远落后的乡镇则只剩下一些"老弱病残"在坚守，区市县域内的人口数量和质量分布愈加不平衡。与返贫易发性评估联系起来，可以得出如下结论：贫困易发区的人口形势不容乐观，人口返贫脆弱性逐渐增强，返贫风险增高；贫困不易发区的人口形势会逐渐转好，人口返贫脆弱性会逐步减弱，返贫风险降低。

具体到地震灾区群众的个体情况，返贫风险的发生与个体的年龄、健康、教育等诸多因素有关。一般来讲，年轻、身体健康状况良好、受教育水平高的个体在社会上获取资源的能力就会比较强，陷入贫困或返贫的可能性就比较小；反之，陷入贫困或返贫的可能性就比较大。

1. 健康缺陷型人员返贫风险评估

（1）患病型

从汶川地震灾区建档立卡的数据来看，有半数以上的贫困群众是因病致贫或返贫，并且因病致贫、因病返贫所占比重呈进一步上升趋势。在调研过程中受访者表示，汶川地震之后群众最大的生活困扰是没有安全的居所，重建或购买新的房屋是他们当时最大和最难承受的经济负担，好在有国家和其他省市的大力支持，有来自全社会的爱心援助，大大减小了灾区群众在房屋重建和修缮方面的困难。但房屋的重建或修缮毕竟是生活方面最大的一笔开支，所以，重建时期的住房改善也消耗了灾区群众不少储蓄；对那些没有储蓄的困难家庭，由于国家给他们提供了购房补贴和无息贷款，住房问都得到了妥善解决。10多年过去了，所有受访者都表示已经还清了重建房屋或修缮方面的欠款。对灾区群众来说，现在最大的生活困扰已经不再是住房，而是重大疾病、慢性疾病和劳动力丧失等。

在对研究区内的各地进行调查时发现，因病致贫在各地贫困人口致贫困素中占比较大，其中都江堰市大概有59%，茂县约33%，青川县为 60.05%，什邡市为 49.7%，汶川县大约为 47.3%。因病致贫成为各地进行脱贫攻坚和实现全面小康中的"绊脚石""拦路虎"。

患病型群众面临两大难以解决的困难：一是患病后劳动能力变差甚至丧失，从社会上获取的劳动报酬变少或者没有；二是治疗疾病过程中产生大量的经济支出。因此，一个家庭里只要有一人生病，就会导致收入减少和生活开支的大幅增加。在已有的一些返贫案例中，因病返贫现象特别突出。

疾病成为导致个体性返贫的最主要因素。患病型人群数量大、分布面广，对家庭的影响深远，其脱贫之后返贫的风险很高。因病返贫是防返贫时期面临的最大困难和挑战。

（2）残疾型

据四川省残联统计，"5·12"汶川特大地震共导致 5756 人残疾。四川省将符合条件的丧失劳动能力、生活无法自理的汶川地震致残人员全部纳入最低生活保障和五保政策救助范围。[①] 同时，汶川地震灾区群众城乡医疗保险实现了全覆盖，大大降低了这个特殊群体由于残疾而造成的贫困升级和返贫现象的发生。另外，在精准扶贫过程中，这个特殊群体在资金支持、产业发展、技能培训等方面都受到特殊照顾。由此不难看出，由于社会支持和保障机制到位，这一群体脱贫之后，其自身发展的韧性比较强，该群体中大部分人能较好地持续发展，返贫风险相对较低。

2. 能力缺陷型人员返贫风险评估

能力缺陷型人员主要是一些中老年人群体，由于文化素质低，其只能从事一些低收入的体力劳动。在精准扶贫过程中，通过各种技能培训，有针对性地帮助其提高生产技能，并协助其发展合适的产业。所以这类人群在脱贫之后，基本已经掌握了一定的生产技能，发展相应的产业，其发展韧性也比较强，返贫风险相对较低。

---

① 李丹：《汶川地震致残人员全部纳入最低生活保障和五保政策救助范围》，《四川日报》2013 年 8 月 15 日。

3. 发展意愿缺乏型人员返贫风险评估

这部分群体是扶贫过程中最难以扶持的一个群体，其总体的特征是贪图享受、比较懒散，对扶贫过程中的物质帮助比较欢迎，对产业帮助、技术培训存在抵触心理，"等靠要"思想严重。这部分群体在精准扶贫工作结束之后，失去了外界的引导、督促和支持，也就失去了继续发展的动力，脱贫之后再返贫的风险比较高。

另外，还有极少数受过良好教育的年轻人也出现在贫困人员名单之中，这部分人大多因心理、性格、能力等各种原因不愿意与外界接触，产生就业困难，成为"啃老一族"，加重了家庭的经济负担。不解决这部分人的思想意识问题，很难让其摆脱贫困，也很容易导致个人或家庭返贫。

（三）其他类型人员返贫风险评估

一是劳动力缺乏型人员，大部分是因为家庭成员或老或幼，没有主要的劳动力，脱贫之后，在失去外界帮助的情况下，难以稳定地发展经济，很容易再次陷入贫困。

二是资金缺乏型人员，在经过精准扶贫之后，一般有一定的物质积累，基本能步入良性发展的轨道，不易返贫。

三是因学致贫型人员，该类型人员得到国家和社会的帮助，加之随着年龄的增长和技能的提升，很容易步入发展的正轨，返贫风险非常小。

三　其他返贫风险因素分析

（一）外部支援力量和政策红利逐渐减少

随着灾后重建和后重建时期的结束，原来对口帮扶的省份、地区和社会力量逐渐退出，灾区的发展只能依赖于自身的内生动力。但不少灾区的内生发展动力不足，这对壮大本土产业、发展当地经济是一个严峻挑战。

2020 年扶贫工作结束之后，中央、上级政府机关、社会上其他帮扶力量等大规模的人力、物力、资金和技术上的支持随之减少，但是各类致贫的消极因素仍然在发挥作用，很有可能导致已经脱贫的灾区群众面临返贫的风险。

（二）资金缺口较大，基础设施薄弱

汶川地震灾区相对贫困区及贫困人口自我造血能力差，很多地方招商引资难，建设资金和社会保障资金不到位，只能依靠上级拨款或外援。道路、桥梁、灌溉沟渠、信息网络、人畜饮水设施等基础设施，因所处地理位置的相对恶劣，很容易受到地质灾害的破坏，从而导致群众区域性、规模性返贫风险的发生。

（三）产业对防返贫的支持力度不够，产业发展存在同质化现象

有些产业与弱势群体的关联不大，弱势群体很难基于当地产业发家致富；有些产业虽然可以与弱势群体发生关联，但由于不少群众缺乏相应的技术技能，产业也无法带动这部分群体增收。另外，不少相对贫困地区的产业发展存在同质化现象，很容易产生市场风险。比如汶川、茂县、北川羌族自治县很多乡镇村落同时大面积种植青脆李、大樱桃、核桃、猕猴桃等果树，因为果树生成需要相对较长的周期，等果树成熟的时候市场出现一定程度的饱和，这导致一些资源浪费，进而打击种植户的信心和积极性。

（四）部分群众进取心不足

受教育程度较高的人其综合素质和生产技能相对较高，更容易适应劳动、创造财富，发生贫困和返贫的概率也相对较低。但灾区相对贫困人口受教育程度普遍较低，整体素质普遍较差，很多表现在较弱的心理承受能力和较低的文化水平上。他们对国家的重大决策、目标措施理解不到位，思想观念落后，对发家致富、共同富裕缺乏主观能动性，有的还存在"等靠要"的依赖思想。

第七章

返贫风险防范
与可持续发展

2008 年汶川大地震至今，由于国家、社会的大力帮扶以及灾区群众的不懈奋斗，灾区迎来了震后十余年的快速发展期。尤其是经过灾后恢复重建和脱贫攻坚战，地震灾区经历了经济增速从波动到趋于稳定、经济规模从停滞到稳定增长、发展从不协调到逐步平衡的过程，灾区的经济发展和基础设施建设取得了巨大成就，困扰灾区群众的绝对贫困问题得到历史性解决。这些为灾区的可持续发展提供了良好支撑、打下了坚实基础。

由于研究区内的很多区市县地理位置差，交通不便，耕地零散稀少，经济发展落后，相对贫困人口多、贫困程度深，这种特殊的自然条件和社会条件，使得该地区的脱贫成果相对脆弱，脱贫户和贫困边缘户在各种因素的影响下极易重返贫困。

本书对该地区返贫风险防范与可持续发展应坚持的原则、返贫监测和帮扶机制等进行探讨，并针对汶川地震 10 个极重灾区、29 个重灾区以及其他 4 个地理上密切关联县等共 43 个区市县提出具体的可持续发展对策，对个体发展也提出相应的对策建议。研究成果对于巩固汶川地震灾区的脱贫攻坚成果、实现乡村振兴、实现汶川地震灾区群众的共同富裕等具有积极的指导意义。同时，也力图对全国其他相对贫困区的防返贫工作提供一定的参考借鉴。

一　返贫风险防范与可持续发展的原则

汶川地震灾区群众返贫风险防范与可持续发展是一项十分艰巨的工作，它关系灾区群众的切身利益和长远发展，必须结合汶川地震灾区复杂的地理环境、特殊的政治影响，立足现实又着眼长远，坚持风险预防为主、政策适当倾斜、对口特殊帮扶、发展以人为本、与乡村振兴相衔接、实现自我发展等原则。充分依靠灾区广大干部群众，弘扬中华民族艰苦奋斗的优秀品质，充分发挥社会主义制度的政治优势，有效利用各种资源，坚决阻断返贫风险的发生，实现灾区的可持续发展和乡村振兴。

（一）风险预防为主

2020 年 3 月 6 日，习近平在决战决胜脱贫攻坚座谈会上的讲话中指出："对退出的贫困县、贫困村、贫困人口，要保持现有帮扶政策总体稳定，扶上马送一程。可以考虑设个过渡期，过渡期内，要严格落实摘帽不摘责任、摘帽不摘政策、摘帽不摘帮扶、摘帽不摘监管的要求，主要政策措施不能急刹车，驻村工作队不能撤。"① 2020 年 10 月，党的十九届五中全会做出决定，下一步要从集中资源搞脱贫攻坚转向以巩固拓展脱贫攻坚成果为主。12 月，国务院扶贫办根据中央的明确要求，把未来五年（2021~2025 年）设定为过渡期，继续实行"四个不摘"，即摘帽不摘责任、摘帽不摘政策、摘帽不摘帮扶、摘帽不摘监管。《中共中央 国务院关于做好 2022 年全面推进乡村振兴重点工作的意见》也指出，保障国家粮食安全和不发生规模性返贫是今后需要牢牢把握的两条底线。在脱贫攻坚战全面胜利以后，巩固脱贫成果、防止返贫是国家面临的首要问题。党中央和国务院的一系列决策部署，为战胜返贫风险挑战、做好防返贫工作指明了前进方向、提供了根本遵循。

对存在返贫风险的人必须事先提供帮助，不能等返贫了和发生了新的贫困之后才去提供帮助。返贫和致贫的因素高度相关，背后都是发展的不确定性和脆弱性，所以有必要根据群众致贫的原因，全面梳理脱贫攻坚后发生返贫的风险点，从而建立防返贫监测机制，将汶川地震灾区群众中因灾、因病、因残或其他特殊原因接近"临界点"的脱贫户、脱贫不稳定户及时录入监测系统，实行动态管理，加强监测，并提前采取有针对性的帮扶措施，精准施策，从而有效预防灾区群众返贫。

---

① 习近平：《在决战决胜脱贫攻坚座谈会上的讲话》，《共产党员（河北）》2020 年第 7 期。

（二）政策适当倾斜

以汶川县为例，在震后重建政策的促进下，汶川县的经济发展快速恢复到四川省平均水平以上，但是 2016 年后，汶川县的经济发展相对于四川省平均水平进入下降阶段，这说明震后重建政策的长期效应欠佳，经济持续增长的动力有限。[①] 基于汶川地震灾区这一区域的特殊历史背景和国际影响力、特殊的地理位置和地质构造条件，以及相对落后的经济发展和民生现状，在当前和今后相当一段时期，中央和地方各级政府应持续予以政策上的大力支持。对于其他地方，或许"扶上马再送一程"就能使其实现自我持续发展，但对于汶川这一特殊区域，或许需要"扶上马"再送两程、三程。国家和地方各级政府在研究重大自然灾害和灾后经济发展的关系时，不能仅关注灾害发生时和灾害发生后短期的经济影响，更要关注和着眼灾害发生后当地经济的长期发展。各级政府应当把灾区的长期发展纳入政策考虑，避免后续发展政策长期效应不足。

在制定政策中，应尽可能地对汶川地震灾区贫困家庭、贫困人口和社会弱势群体实行必要的政策性倾斜和制度性照顾，建立更加完善的产业支持、教育、职业技能培训、医疗救助、基金救助、大病保险、返贫保险、低保兜底、提供公益性岗位等帮扶机制，构建长期的帮扶政策支持体系以及脱贫后不返贫的政策干预体系。

（三）对口特殊帮扶

可以借鉴汶川地震灾后重建对口帮扶的模式，调动社会力量，创新帮扶模式。组织经济发达地区的政府力量、社会团体、民间组织、爱心人士等多主体多形式、多领域地广泛参与，继续支持汶川地震灾区的可持续发展，实现经济发达地区和汶川地震灾区的双向互动、互

[①] 陈鹏宇、邹欣悦、钟贻婷、汪磊、郑稀文：《汶川地震极重灾区震后经济发展评价》，《成都师范学院学报》2021 年第 7 期。

利共赢。具体来说，鼓励经济发达地区提供资金援助，引导企业投资，组织劳务输出，实施包括农田、水利、交通、学校等在内的基础设施帮扶项目，派出挂职干部、各类专业技术人员及帮扶志愿者到地震灾区服务，或者输出地震灾区干部、群众到经济发达地区进行学习，帮助地震灾区培养本土经营管理和技术人才。

持续加大该地区在基础设施、民生工程、产业发展、信贷资金、社会保障等方面的支持帮扶力度，构建涵盖基础设施、社会保障、产业、文化等在内的防返贫支持帮扶框架。

（四）发展以人为本

在汶川特大地震抗震救灾过程中，国家始终坚持人民群众的生命至高无上。只要有一线希望，就要尽百倍的努力。2008～2010 年，在 4 万亿元刺激经济方案里，1 万多亿元用在了灾区群众的灾后恢复重建。现在的地震灾区，最坚固的是学校，最漂亮的是民居，最现代的是医院，最受益的是群众。以人为本，体现在汶川地震抗震救灾和灾后重建的方方面面，是中国共产党"立党为公、执政为民"执政理念的光辉写照，充分体现了中国特色社会主义制度的巨大优越性。

现在的汶川地震灾区进入了可持续发展和乡村振兴阶段，发展成为第一要务。在发展过程中，同样也离不开以人为本的原则。以人民为中心的发展思想，即发展为了人民、发展依靠人民、发展成果由人民共享，是习近平新时代中国特色社会主义思想的鲜明特征，其必然也要体现在汶川地震灾区可持续发展的各个环节。只有深入贯彻以灾区人民为中心的发展思想，坚持灾区人民至上、紧紧依靠灾区人民、不断造福灾区人民，就一定能凝聚所有灾区人民的智慧和力量，在实现灾区可持续发展和乡村振兴的新征程上书写新的辉煌篇章。

（五）与乡村振兴相衔接

2020 年底，我国在取得脱贫攻坚战全面胜利后，汶川地震灾区和全国一道迎来了乡村振兴的新阶段。按照中央的要求，巩固拓展脱贫攻坚成果，防范化解规模性返贫风险，是包括汶川地震灾区各级地方政府在内的主体在过渡时期的底线和重点任务，也是实现乡村全面振兴的前提和基础。2021年3月出台的《中共中央　国务院关于实现巩固拓展脱贫攻坚成果同乡村振兴有效衔接的意见》指出，脱贫摘帽不是终点，而是新生活、新奋斗的起点。打赢脱贫攻坚战、全面建成小康社会后，要在巩固拓展脱贫攻坚成果的基础上，做好乡村振兴这篇大文章，接续推进脱贫地区发展和群众生活改善。[①] 同时就总体要求、巩固拓展脱贫攻坚成果长效机制、有效衔接的重点工作、政策有效衔接等做出规划部署。

乡村振兴战略是党的十九大做出的重大战略部署，是向第二个百年奋斗目标大力推进的统筹布局。基于汶川地震灾区的具体情况，地方政府应因地制宜、统筹安排，争取到2025年，与全国其他地方一样，巩固拓展脱贫攻坚成果、全面推进乡村振兴；到2035年，显著增强脱贫区市县的经济实力、促进乡村振兴取得重大进展，让包括该区域脱贫群众在内的所有经受过大地震灾害的人民群众都过上更加美好的生活，从而更加彰显中国共产党的根本宗旨和我国社会主义制度的独特优势。

（六）实现自我发展

汶川特大地震发生之后，不管是灾后恢复重建还是后续的脱贫攻坚战，地震灾区一直都是在很强的外力作用下推进的。唯物辩证法告诉我们，事物的发展，外因是条件，内因是根据，外因通过内因起作用。灾后恢复重建和脱贫攻坚战都是在特殊时间段、特殊背景下国家实施的重大举措。汶川地震灾区的发展不可能一直依靠外力，其要实现可持续发展，最终还是要回归到依靠自身的内生动力，实现自我

---

① 《中共中央　国务院关于实现巩固拓展脱贫攻坚成果同乡村振兴有效衔接的意见》，《中华人民共和国国务院公报》2021年第10期。

发展。

观念上的贫困是最深层次的贫困，实现自我发展，最根本的是要改变灾区群众的思维方式和思想观念。要通过"扶志"帮助灾区群众实现观念上的"脱贫"，激发灾区群众的内生动力，提升他们的自我发展能力。如果贫困地区群众内生动力不足，即便脱贫了，也很容易因为一些因素变化而返贫。激发灾区群众积极进取、追求富裕的精神斗志，为灾区提供"造血"功能、提升自我发展能力是地震灾区在返贫风险防范和可持续发展时期必须遵循的重要原则。

二　返贫监测和防返贫帮扶机制

在汶川地震灾区，出于致贫返贫原因交叉重叠的复杂性，要继续关注所有已经脱贫的人口。应进一步完善返贫临界监测系统，实时动态监测脱贫效果，持续发力、精准发力，做到脱贫即出、返贫即入，切实做到"扶上马还要送几程"。真正落实中央要求的"脱贫不脱政策，脱贫不脱帮扶"，注重帮扶的长期效果，夯实脱贫致富的基础。

（一）返贫监测机制

在防返贫问题上，习近平多次明确阐述了防返贫工作的重要意义，党中央、国务院对此也做了一系列的工作部署。2015～2016年在全国范围内开展两次农村贫困人口建档立卡"回头看"，将脱贫后重新返贫的贫困户和在扶贫过程中新产生的贫困户纳入精准扶贫范围。2017年，习近平在参加十二届全国人大五次会议四川代表团审议时指出，防止返贫和继续攻坚同样重要。2018年《中共中央　国务院关于打赢脱贫攻坚战三年行动的指导意见》实施后，非贫困群体中的低收入群体亦进入精准扶贫政策视野，避免了部分边缘贫困户致贫。2020年3月，在决战决胜脱贫攻坚座谈会上，习近平指出："对脱贫不稳定户、边缘易致贫户以及因疫情或其他原因收入骤减或支出骤增户加强监测，提前采取针对性的帮扶措施，不能等他们返贫了再补救。"[1]

四川省在全国率先启动脱贫攻坚"回头看""回头帮"。四川省内各地包括汶川地震灾区脱贫的区市县，对照2016年脱贫标准，对2014～2016年已脱贫的353万人逐一开展了"回头看"，并将发现的17万人（次）脱贫不稳定对象纳入帮扶计划，逐户开展了"回头帮"，确保了已脱贫对象在攻坚期内保持政策不变、帮扶力度不减。此外，四川省还按照"该进必进、该退必退、实事求是、彻底清楚"的要求，层层签订精准识别承诺书，全面完成精准识别"回头看"。认真解决"错评漏评""未整户识别""自主移民识别"等问题。2017～2019年每年的12月底前，对照当年脱贫标准，对之前已脱贫人口、退出贫困村、摘帽贫困县开展"回头看"核查，并制定"回头帮"措施。在脱贫攻坚战收官的2020年，要求在6月底前，对照2020年脱贫标准扎实开展"回头看""回头帮"。

1. 返贫监测机制的成效

第一，按照中央和四川省政府的部署安排，汶川地震灾区各区市县积极地开展"回头看""回头帮"工作。地震灾区不少地方政府在防返贫工作方面做了有益探索，建立了"返贫预警"机制，设置了贫困预警专员，动态识别返贫家庭和个人，及时给予帮扶和安置，为防范出现系统性、区域性大规模返贫做出了积极努力和贡献，确保了各区市县顺利完成脱贫攻坚任务，工作成效非常显著。

地震灾区脱贫攻坚阶段的贫困监测有以下两个特点：一是各地政府参与力度大，各类扶贫力量全员参与；二是监测密度高、监测时间长，分几个阶段拉网式进行，确保了每一个可能返贫人员被有效发现。因此，脱贫攻坚时期的贫困监测工作，通过"回头看""回头帮"的方式，虽然耗费了大量的人力资源，但实现了贫困人员全覆盖，监测结果精准，返贫原因分析准确，再扶贫措施得当，取得了较

---

① 习近平：《在决战决胜脱贫攻坚座谈会上的讲话》，《共产党员（河北）》2020年第7期。

好的帮扶效果。

第二，按照 2021 年出台的《四川省健全防止返贫动态监测和帮扶机制办法》，以脱贫攻坚期国家扶贫标准的 1.5 倍作为 2021 年监测范围，全省范围内探索了省、市、县、乡、村的五级联动，从上到下、自下而上的双向监测机制，并在属于汶川地震灾区的德阳市罗江区和广元市昭化区开展试点工作。返贫监测预警以脱贫不稳定户、边缘易致贫户以及因疫情或其他原因收入骤减或支出骤增户为对象，按照"排、访、评、录、测、补、销"7 个步骤，重点围绕"两不愁、三保障"的实际情况进行监测和动态管理，主要开展及时帮扶，最大限度防范返贫风险的发生。

研究区内的各区市县结合自身情况，各自出台了相应的执行措施。石棉县、青川县、荥经县、北川县、雨城区、芦山县、宝兴县、黑水县、安州区、江油市、南江县、利州区、朝天区、昭化区等区市县各自出台了相应的返贫动态监测方案；小金县、松潘县、广汉市、中江县、苍溪县、旺苍县等多措并举全面筑牢返贫致贫防线；九寨沟县、安州区、剑阁县、旺苍县等区县设立防返贫专项救助资金；天全县、利州区注重金融手段的使用，将保险业务拓展到防返贫领域。

除此之外，还有一些县市采取了一些特色做法。例如，茂县依托东西部协作和对口支援这一平台，建立起全省首个县级防返贫智慧监测系统，统筹部门资源，强化数据共享，实现动态管理，为防返贫工作插上数字化"翅膀"，实现防返贫工作由"游击战"变"集团战"、由被动发现变主动预警，为做好防返贫工作找到精准跑道。充分发挥防返贫智慧监测系统全面、实时、联动以及体系化工作的作用，通过对家庭重要变故、重大支出以及其他信息进行数据分析、比对，建立"监测—研判—预警"机制，实现医疗高额预警、劳动力死亡预警、残疾人预警以及其他预警，做到早发现、早干预、早帮扶，坚决防止脱贫人口返贫，牢牢守住脱贫攻坚成果。平武县则把防返贫监测与乡村振兴工作紧密结合起来，并出台了相关的文件。

第三，"回头看"和"五级联动、双向监测"等防返贫监测工作，政府参与力度大，各类扶贫力量全员参与，监测密度高、强度大、时间长，确保了每一个可能返贫人员被有效发现。2020年，石棉县精准认定相对贫困对象44户，其中，脱贫监测户27户，边缘户17户。雨城区2020年全区新增监测对象24户57人，其中，脱贫不稳定户8户24人，边缘易致贫户8户14人，突发严重困难户8户19人。2021年6月，理县发现7户居民因地质灾害影响陷入贫困陷阱。2021年7月，青川县公告将30户85人确定为返贫预警监测对象进行帮扶。江油市排查出返贫对象18户52人，其中，脱贫不稳定户1户1人，边缘易致贫户6户11人，突发严重困难户11户40人。苍溪县共锁定监测对象99户316人，其中脱贫不稳定户40户129人，边缘易致贫户42户136人，突发严重困难户17户51人。

2. 返贫监测机制存在的问题及其原因分析

（1）研究区内的乡村振兴部门和原来的驻村工作队等部门工作衔接不到位。

这一问题说明：对返贫风险防范战略规划有待进一步增强，返贫风险动态识别技术和措施有待进一步创新，返贫风险应对协调机制有待进一步健全，返贫风险防范进程中部门协调、资源共享和权力监督等制度建设有待进一步完善。出现这些情况的主要原因在于不少干部对过渡期工作不适应，认为脱贫攻坚已经结束，片面追求风险消除率，主要的工作安排在乡村振兴上，有急于求成的思想倾向，对防返贫工作有些懈怠。

（2）致贫返贫风险排查不够彻底，仍然存在死角盲区。

有的地方沿用识别贫困人口的思维和办法确定返贫监测对象，仅看到群众现实情况，把防贫关口前移，没有突出"防"的要求，对潜在风险隐患研判不够；有的采取"一刀切"的办法，用低保兜底标准来确定监测对象，从而导致认定不是很精准；一些地方由于沟通机制不健全，群众主动申请纳入的较少，监测对象主要通过干部排查来发现；另外，不管是在汶川地震灾区重建阶段还是在过去的脱贫攻坚实践中，重点援助和帮扶对象大多集中于灾区的农村地区，对城市贫困群体和边缘户的关注不够，导致这部分城市群体较少获得国家资源和政策倾斜的支持，他们也属于存在较高返贫风险的边缘群体，一旦受到返贫相关因素的冲击，也很容易重新陷入贫困境地。不少地方忽略了城市贫困群体和边缘户的贫困问题，使地震灾区城市群体的返贫风险呈现隐蔽性，形成了排查的盲区。

（3）数据信息采录工作的精准性有待提升。

防返贫动态监测是一个系统工程，需要不同层级的相关部门通力合作，其中，数据信息的采录是关键环节。信息采录的科学性和精准性直接影响防返贫工作的成效。但当前的数据信息采录在风险排查、监测对象确定、监测对象分类、风险消除等方面还存在数据资料不是很完整的现象，并且不同地方进行采录的标准、方式方法也存在比较大的差别。当信息采录、传递、使用不当，就会导致信息失真，最终导致识别结果与现实情况产生偏差甚至发生错误。

3. 提升返贫监测精准性的对策

基于返贫监测过程中存在的问题，有针对性地提升返贫监测的精准性，这是巩固拓展脱贫攻坚成果、实现地震灾区可持续发展的内在需要，也是在新发展阶段进一步优化贫困治理体系的重要环节。

（1）强化返贫监测意识，做好基层干部宣传工作。

地震灾区基层党员干部应增强责任感、紧迫感，充分意识到防返贫工作的重要性、艰巨性，做到思想上重视、行动上做实、责任上压实。把握好重要环节和关键时间节点，向群众发放宣传手册，宣传相关政策，介绍防返贫具体的识别标准、救助通道、联系方式等，做到求助和帮扶信息及时通、党群和干群关系零距离，切实履职尽责、协同推进，高质量完成防返贫工作任务。

（2）设置科学的预警标准。

全面脱贫后，包括汶川地震灾区在内的地区，其贫困属性、特征以及需要识别的人群类别、数量等都发生了重大变化，相对贫困取代绝对贫困成为新的表现形式。因此，要适应现实变化，应扩大返贫风险防范的预警范围，把农村的脱贫不稳定户和贫困边缘户、城市的贫困群体和贫困边缘户以及所有的突发贫困户等，都纳入防返贫预警的范围。另外，需要综合地区物价指数变化、居民人均可支配收入增幅以及农村和城市低保标准，适时进行调整，对脱贫户和贫困边缘群体出现返贫风险的标准进行重新界定。可以参考"收入能力+债务承担能力−最低生活标准支出−突发风险所致支出"形成的收支缺口进行判断。[1]

（3）参照网格化管理模式，建立"线上+线下"混合动态防返贫监测平台和科学合理的返贫风险监测预警机制。

对汶川地震灾区已经脱贫群众建立电子档案，利用大数据信息进行全面动态监管；监测预警系统要在省、地、县（区、市）、乡镇分别设立返贫监测中心和联络站，在村和社区安排联络员，实行群众自主申报、相关部门数据比对、工作人员核查摸排等逐层推进。对脱贫不稳定户，边缘易致贫户，大病重病、负担较重的慢性病患者，重度残疾人和失能老年人等重点人群实行重点跟踪，对因收入低于监测范围未被纳入监测对象的群众开展定期走访，通过系统数据分析、定期查访等排查监测方法，实时了解他们的生活状况；对因灾、因意外事故突然返贫致贫、生活陷入严重困难的群众，应开辟绿色通道先行救助并落实帮扶，而后再纳入监测对象；对重大突发公共事件、群众失业明显增多、产业项目失败、易地扶贫搬迁集中安置区搬迁人口就业和社区融入困难等有可能导致规模性返贫致贫的风险隐患，应及时进行数据预警。通过设置科学的识别系统，建立动态的返贫监测机制，

---

① 何植民、杜轩：《脱贫户返贫风险监测预警机制构建》，《企业经济》2022年第9期。

多措并举排查返贫风险，确保将符合监测对象条件的群众及时纳入监测范围，不留死角、不漏一户。

（4）扎实开展防返贫动态监测信息录入、补录、更新和完善等方面的工作。

汶川地震灾区各级政府，应按照 2020 年《国务院扶贫开发领导小组关于建立防止返贫监测和帮扶机制的指导意见》，以家庭为单位，主要监测建档立卡已脱贫但不稳定户，以及收入略高于建档立卡贫困户的边缘户。具体监测范围为人均可支配收入低于国家扶贫标准 1.5 倍左右的家庭，以及因病、因残、因灾、因疫情等而引发的刚性支出明显超过上年度收入和收入大幅缩减的家庭。[①] 应构建计算机与数据库体系，搭建返贫防范相关数据库及政务平台，强化信息共享机制。通过基层工作人员入户走访、逐级上报的方式，详细采集登记上述人员基本信息，并及时收集和反映相对贫困群体关注的难点问题，做到信息真实准确完整、线上线下完全一致。

（5）创新工作方法，加强专项督导。

灾区各级政府机关应建立清单、明确责任，完善防返贫监测摸排台账。完善开展防止返贫动态监测全覆盖排查的资料佐证工作，加强综合研判、信息核实、评议公示、复查审核、部门比对以及最终审定等工作，并制定专项督导方案，明确责任领导、责任人以及具体落实措施；对防返贫工作定期予以抽查，通过纠偏、弥补漏洞等方式确保防返贫监测的精准开展。

（二）防返贫帮扶机制

中央关于脱贫攻坚结束后的一系列决策部署，给包括汶川地震灾区在内的全国脱贫群众吃了一颗"定心丸"。如何更好地帮助贫困地区特色产业可持续发展、解决异地搬迁群众的后续帮扶工作、不断健全完善

---

① 《国务院扶贫开发领导小组关于建立防止返贫监测和帮扶机制的指导意见》，《畜牧产业》2020 年第 6 期。

农村社会保障和救助制度、持续强化各方面社会帮扶力量、做好脱贫成果巩固以及与乡村振兴的衔接等，是需要认真研究的重要课题。

1. 防返贫帮扶机制的成效

汶川地震灾区各级政府把防止规模性返贫摆在突出位置，不断健全完善防返贫帮扶工作机制。汶川各地设立了防止返贫专项基金；坚持政府主导、群众主体，发挥行业部门的作用，积极动员社会力量参与；针对监测对象的资源禀赋、真实意愿、自身能力和发展需求，制定并落实帮扶措施；根据脱贫不稳定户、边缘易致贫户、突发严重困难户和残疾人困难家庭等监测对象的不同风险类别、发展需求，开展有针对性的落实到户、落实到人的精准帮扶。做到了早发现、早干预、早帮扶，牢牢守住了不发生规模性返贫的底线。具体来说，开展了以下工作。

（1）发展当地产业，完善基础设施，提升文明水平。

自汶川地震抗震救灾、灾后重建以及开展脱贫攻坚战以来，汶川地震灾区重点加强了基础性、普惠性、兜底性民生建设，逐步使地震灾区具备了基本的现代生活条件，尤其是通过在县域范围内提供公共服务的供给来推进当地的现代化建设，拉动经济发展。不少地区推广以工代赈，让易致贫、易返贫监测对象在基础设施和公共服务建设项目中通过自身劳动受益。汶川地震灾区的所有乡镇村级，通过加强公共服务体系建设，逐步提高了公共服务均等化水平。尤其是大力发展交通设施建设，加强了通村公路和主干道的连接；加快了电网、通信、电气化等提升工程的实施；因地制宜地开展了农村人居环境整治提升行动，有序地推进了农村厕所革命、生活垃圾处理、污水治理和村容村貌的提升。与此同时，汶川地震灾区还特别加强了农村精神文明建设，推动公共文化资源向乡村延伸，灾区群众的生产生活条件得到大幅改善和提升。

（2）对有劳动能力的易致贫、易返贫人群，坚持开发式帮扶，优先落实产业和就业等帮扶措施，提高其自身应对风险的能力和自我发展能力。

一是创造条件，鼓励创业。近年来，汶川地震灾区大力发展县域富民产业，促进乡村发展，推进农村一二三产业融合。对具备产业发展条件的易致贫、易返贫监测对象，采取积极举措，大力帮扶他们发展乡村特色产业，种植林果，参与农副产品加工，发展庭院经济，融入电商、光伏、乡村旅游等产业。扶持和培育龙头企业、致富带头人、新型职业农民和家庭农场、农民专业合作社等新型经营主体，带动易致贫、易返贫群众融入产业利益链条，完善利益联结机制，让这部分群众更多分享产业增值收益。

二是开展职业培训，提供就业帮扶。汶川地震灾区针对有就业意愿且有劳动能力的易致贫、易返贫监测对象，搭建用工信息平台，加大职业技能培训力度，采取积极措施保障无法外出务工的人员就地就近就业，并做好返乡失业人员再就业工作；确保有劳动能力的易致贫、易返贫家庭至少有 1 人就业。积极搭建平台，利用东西部协作、对口支援，精准开展劳务对接，扩大了被监测对象人口外出务工的规模，健全了吸引优秀农民工返乡创业的机制。

三是政策倾斜，提供公益性岗位。汶川地震灾区统筹利用公益性岗位，如护林员、护草员、护路员、护水员等，把这些岗位向易致贫、易返贫弱势群体倾斜，优先安置特殊困难监测对象，促进他们就近就地就业。如平武县，为具有劳动能力且有就业意愿、年龄在 16～70 岁（不含 70 岁）且未退出全国防返贫监测信息系统的农村脱贫人口和农村监测对象提供乡村公益性岗位，乡村公益性岗位人员在岗补贴标准为每人每月 600 元，并购买意外商业伤害保险。鼓励乡镇在辖区各行政村设置保洁保绿、孤寡老人和留守儿童看护等工作的公益性岗位，在汛期等自然灾害、地质灾害高发季节设置地质灾害观测、抢险应急、卫生防疫等工作岗位，优先安置弱劳力、半劳力等就业特别困难的脱贫人口和监测对象。

（3）对没有劳动能力、丧失劳动能力的易致贫、易返贫群众，采取综合性社会保障措施，维持他们的正常生活，确保不致贫、不返贫。

脱贫攻坚结束后，汶川地震灾区对没有劳动能力的易致贫、易返贫监测对象，进一步加强特困救助、低保、基本医疗、养老保险等综合性保障措施，确保了应保尽保；对因病、因残、因灾等意外变故而致贫返贫的家庭，及时落实城乡居民基本医疗保险、大病保险、医疗救助、大病救助、慢病签约服务、先诊疗后付费、医疗费用控制、残疾人特殊保障、灾害救济、临时救助等政策，保障这部分没有劳动能力、丧失劳动能力的特殊人群基本生活不受影响，及时消除了致贫返贫的风险隐患。

（4）其他帮扶举措及成效。

发挥社会力量，形成防止返贫的合力。灾区地方政府在防返贫的组织协调、资源筹集、支持帮扶等方面发挥了主导作用，同时，政府还积极动员企业和其他社会力量参与乡村振兴和防返贫工程，例如，政府鼓励先富带动后富；引导市场和社会协同发力，将防返贫和乡村振兴工作市场化，实现防返贫工作与乡村振兴战略的有效衔接；引入农业龙头企业，采用专业合作社的方式对生产经营效率低、市场风险大的产业帮扶户进行有效帮扶。汶川县配合制定全域结对帮扶方案，促成 154 个单位（企业）全域结对，分类划分 6 个小组；培育高素质乡村振兴人才队伍，培训援汶人才 346 人次。①

对返贫监测对象中义务教育阶段失学辍学的适龄儿童少年进行劝返并送教上门；持续落实"雨露计划"、助学贷款、奖助学金以及其他教育补助政策，帮助家庭经济困难的学生完成学业。对返贫监测对象的住房安全进行动态监测，通过危房改造、异地搬迁等方式，及时解决他们的住房安全问题。完善针对监测对象的创业担保贷款及脱贫人口小额信贷政策。

2. 防返贫帮扶机制存在的问题和原因

（1）产业带动增收机制有待提升。

汶川地震灾区不少地方在产业就业方面的办法不多，帮扶力度不

---

① 《汶川县：着力构建"3+5+6"举措 助推乡村振兴帮扶资源作用发挥》，汶川县政府办，2022 年 6 月 6 日。

够。主要原因在于汶川地震灾区大多分布在边远山区农村，地理位置相对偏远，受限于地理环境的因素特别突出。很多地方的产业基础相对薄弱，产业项目投资较少、规模较小、抗意外灾害能力不高，并且产业项目又基本以种、养殖业等初级产业为主，导致产业总产值及产品附加值比较低，抗风险能力比较弱，通过产业带动地震灾区农村相对贫困人口稳定增收的保障机制很容易受到冲击。

（2）轮换干部对防返贫帮扶机制的落实有待加强。

脱贫攻坚结束后，汶川地震灾区不少地方对基层干部进行了大规模轮换。不少轮换干部在脱贫不稳定户、边缘易致贫户、突发严重困难户的分类政策上存在把握不准确、界定不清楚的问题，对巩固拓展脱贫攻坚成果相关业务工作不是很熟悉，对自己在防返贫工作中应该承担的职责不是很明确，存在工作断档等问题。其主要原因在于，不少地方对脱贫攻坚结束后中央设置 5 年过渡期的目的和意义认识不到位，对消除返贫风险的政策理解有偏差，着力部署实施乡村振兴战略，脱贫攻坚与乡村振兴有效衔接机制不健全。

（3）个别地方帮扶措施缺乏针对性。

地震灾区有的地方针对致贫风险采取的帮扶措施不精准，比较突出的现象是保障类措施比较多，对一些有劳动能力的、应该在产业就业等方面进行帮扶的，简单采取了保障类措施，用保障措施"一兜了之"。有些脱贫不稳定户、边缘易致贫户享受了不该享受的低保帮扶措施，返贫风险与帮扶措施出现了不匹配。对有大病重病患者、残疾人、突发严重困难户等特殊困难的家庭，人文关怀以及开展长期监测帮扶不够。对内生动力不足群众的激发机制较为单一，主要表现为说教式和宣讲式，方式方法比较单一。产生以上问题的主要原因是，一些基层干部面对繁重的防返贫和乡村振兴工作任务，站位不够高，责任担当意识较弱，缺少"沉下去、融进去"的工作态度和改革创新的工作作风，产生了临时应付的想法。

3. 提升防返贫帮扶精准性的对策

（1）巩固脱贫攻坚成果与乡村振兴的有效衔接，增加劳动密集型、抗风险能力强和具有辐射带动能力的产业项目，加强产业项目的管理运营。

将脱贫不稳定户、边缘易致贫户和突发严重困难户的持续帮扶与乡村振兴政策措施紧密结合起来，利用政策倾斜，与上述三类人群建立产业联结机制。通过培育壮大集体经济，加大对龙头企业和专业合作社的扶持力度，增强产业对其增收的带动作用。有条件的地方应支持三类群体直接参与产业发展，使其直接受益。另外，应继续创新和鼓励党政机关和社会群体以消费帮扶的方式搭建供需对接平台，拓展销售渠道，优先采购脱贫不稳定户、边缘易致贫户和突发严重困难户的产品，在全社会形成协同帮扶效应，提升消费帮扶效果，助力三类群体持续增收。

（2）轮换干部与帮扶力量之间形成工作交接清单，强化帮扶落实。

地震灾区在推进乡村振兴工作、实现驻村干部轮换时，应建立明确的工作交接清单，引导接任人员与镇（街道）、村（社区）负责人做好对接，确保脱贫攻坚与乡村振兴有效衔接、平稳过渡，传好"接力棒"，避免工作断档情况的发生。新轮换的基层干部，应明确责任分工，走到人民当中，尤其是广泛听取困难群众的民声民意，问需于民、问计于民，进一步落实对这部分困难群体的帮扶措施，防止这类群体返贫现象的发生。另外，应建立监督工作机制，上一级相关部门通过随机抽查和督查暗访等方式，及时发现并掌握各地防返贫帮扶机制开展情况和乡村振兴战略实施情况，综合分析研判，切实解决突出问题，从而进一步巩固群众可持续发展的基础，推进乡村振兴战略顺利实施。

（3）持续强化分类分层社会帮扶。

脱贫攻坚结束后的短时间内，最易返贫的人群是脱贫不稳定群众和边缘易致贫群众；长期来看，突发严重困难群众会成为易返贫的主体。所以，应根据时间和监测对象的风险类别进行分类帮扶。在脱贫攻坚结束后的过渡时期，应重点关注和帮扶脱贫不稳定群众和边缘易致贫群众；在过渡期结束后的乡村振兴时期，则应关注和扶持突发严重困难户。另外，根据风险类别，对于脱贫不稳定群众和边缘易致贫群众，重点是持续保障其在义务教育、基本医疗、住房安全等基本生活方面的需要；对于突发严重困难群众，原则上以帮助其增加刚性收入为主。

具体来说，继续强化对有劳动能力的困难群体的产业或就业帮扶，帮助其增加劳动收入；对无劳动能力的监测对象，继续强化政府购买服务，强化兜底保障，落实低保、基本医疗、特困救助、养老保险等综合性保障措施；对因病、因残、因灾等意外变故返贫的特殊困难家庭，继续落实健康、残疾、灾害等临时救助政策。

（4）其他提升对策。

第一，继续发挥东西部对口支援、相互协作、省内对口帮扶和定点帮扶的社会主义制度优势，帮助监测对象解决实际困难。创新"万企兴万村"等社会帮扶活动，让企业力量深度参与返贫帮扶和乡村振兴。充分调动新经济组织和新社会组织等社会各界力量参与帮扶的积极性，继续加大产业培育、消费帮扶和项目合作等方面的力度。

第二，持续推进对大中型和特大型搬迁安置区实施监测全覆盖，协调落实搬迁群众基本医疗、子女就学、公共服务、社会保障等政策，强化对搬迁人口的产业就业支持帮扶，完善集中安置社区配套基础设施和服务，加强社区治理和社会融入，切实满足搬迁居民在工作、学习、生活等方面的需求，防止因搬迁而导致返贫现象的发生，并确保他们具备逐步致富的能力。尤其要稳妥推进已搬迁原贫困村中仍未搬迁的"掉边掉角农户"的搬迁工作，进一步加大对这类特殊人群的重点帮扶力度。

第三，探索建立防止返贫保险机制。2021年4月11日，银保监会下发的《关于2021年银行业保险业高质量服务乡村振兴的通知》，以及同年 6 月 30 日，由中国人民银行、银保监会、证监会、财政部、农业农村部、乡村振兴局联合发布的《关于金融支持巩固拓展脱贫攻坚成果全面推进乡村振兴的意见》中，提出要积极运用保险产品巩固脱贫成果，支持具备条件的地区开展商业防止返贫保险。作为金融扶贫的重要组成部分和精准扶贫政策工具的保险扶贫，在脱贫攻坚阶段，在防范和化解贫困人口风险方面发挥了不可替代的重要作用。在防返贫的"后脱贫时代"和乡村振兴时期，防止返贫保险也必将持续发挥其在人身保障、财产保障、融资增信等多方面的独特功能，从而助力防返贫工作和乡村振兴工作的持续向好发展。

三　区域可持续发展对策

（一）区域可持续发展的宏观对策

1. 中央及省市应增加资金扶持，持续加大对原中度、深度贫困区基础设施建设力度

自然条件差的地方，不仅扶贫难度大，而且返贫风险大。根据前文关于区域贫困程度的界定，原中度贫困区汶川县和茂县以及原深度贫困区北川羌族自治县、青川县、平武县等县自然条件恶劣，脱贫攻坚结束后，相对贫困程度比较严重。在这些地方，应该重点加大基础设施建设的力度。根据调查发现，虽然在这些地理位置偏远、地形条件差的地方进行基础设施建设的难度非常大，但只要投入资金，很快就会见到成效，基础设施建设是见效最为明显的帮扶措施。同时，灾区城乡生产、生活和交通运输等基础设施建设的巩固提升，可以为灾区后续的振兴发展发挥重要作用。所以，中央和省市级政府部门应该在这些原中度、深度贫困区持续投入更多的基础设施建设资金，帮助其改善目前相对落后的状况，这是帮助这些地区群众抑制返贫的重要突破口和关键点。

首先，继续完善道路交通设施，持续增强偏远山区与外界的关联

度，让里面的产品能够走出来，让外面的人才和技术能够走进去。尤其是从大城市到地震灾区的铁路、高速公路等，还应继续建设发展。

其次，进一步完善教育、医疗、饮水安全等惠民工程；持续开展电网改造升级工程，完善通信惠民工程，加快互联网"宽带乡村"工程建设和城镇光纤接入工程建设；持续帮扶农民"改厨改厕建院坝"工程建设。

2. 优化经济布局和产业结构

灾区应以更加开放的态度积极融入大市场环境，进一步扩大招商引资，参与市场竞争合作和融合发展。各地应结合自身优势，在经济布局方面，坚持"新、优、特"的产业发展导向，积极融入特色农业、特色工业、文化旅游、康养旅游、电子商务等新经济和新业态，推动新型经济发展。在产业结构方面，应重视科技创新的投入，充分发挥科学技术对当地经济发展的重要支撑作用，淘汰散、乱、小的旧产业落后产能，向聚集高效的新模式转变，推动当地产业结构的优化升级，培育和发展地区特色产业，打造精品产业示范基地；同时重视生态与产业的协调发展，发展以生态农业和生态工业为基础的循环产业，继续打造"生态乡镇，生态村"，鼓励和支持地震灾区"绿色崛起"，提高特色产业发展竞争力，促进灾区产业经济实现跨越式发展。

（1）加强科技创新，带动经济增长。

地震灾区的高质量发展需要以科技创新为支撑，科技创新是加快当地经济发展、提高发展质量的重要抓手。应充分发挥成都市、绵阳市等大中城市对周边地震灾区的辐射带动作用，针对灾区的特色产业，为灾区发展提供强力科技支撑，帮助其进行产业技术创新，提高产业生产质量和生产效率，带动区域经济持续增长。进一步加强高等院校与地震灾区的交流合作，基于灾区经济产业发展需要，在高校搭建基础科学和技术研究基地，为灾区技术产业发展提供学术和技术支撑。另外，各级政府对于新技术产业在灾区的发展应用应给予政策上的支持，如配备资金、减免税收、建设科技应用型人才队伍等。

（2）形成具有自身特色优势的产业集群。

结合各个地震灾区所处的地理位置，所具有的气候、环境特征以及产业优势，再根据各地方的生态承载能力和发展潜力，进一步确定它们的功能定位和发展重点，形成具有各自特色优势的产业集群。例如，拥有生态环境优势以及资源优势的都江堰市，要加强生态旅游业和康养产业的发展，将生态资源优势转化为经济优势；彭州市和绵竹市等地区拥有现代工业园区，应在保护环境的前提下，遵循绿色经济理念，加强针对性政策扶持，持续引进企业，发展基础工业产业，进一步发展壮大机械加工制造产业，并提升工业产业动能；汶川县、北川羌族自治县、茂县、安州区和青川县等地区，应克服区位劣势，大力发展特色农业和生态旅游产业，并探索农业和旅游业相结合的发展模式，推进康养旅游、特色农产品采摘等产业发展，挖掘民族特色文化等。

另外，地理位置优越、距离大中城市较近、交通设施相对发达的地震灾区，可以借鉴西方国家特色小镇的做法，打造安全宜居、交通畅通、基础设施完备、以某一产业为带动的劳动密集型特色小镇，形成人才"虹吸"效应。

（3）强化生态环境保护。

汶川特大地震受灾最严重的汶川县、北川羌族自治县、茂县、安州区、平武县、什邡市、绵竹市、青川县、都江堰市、彭州市 10 个区市县均位于长江上游，在生物多样性和生态屏障保护中处于重要地位。汶川特大地震的发生不仅对灾区的经济社会发展造成重创，而且严重破坏了当地的生态环境和生存环境，增加了发生次生灾害的安全隐患。经过灾后恢复重建，这些地区的生态系统得到一定程度的恢复，但要得到全面系统的恢复还需要相对漫长的过程，这势必影响这些地区尤其是地处山区、自然条件较差的汶川县、北川羌族自治县、茂县、青川县等地的经济发展。

当前，中国经济已经由高速增长阶段转向高质量发展阶段。科学规划、统筹推进灾区经济、政治、文化、社会和生态"五位一体"振兴发展的关键，是推动灾区社会经济与生态环境的协调发展。生态环境对经济的支撑作用越来越明显。在地震灾区，只有把生态环境保护好并发挥生态优势，才能实现灾区经济社会的可持续发展和高质量发展；生态环境的投入是关系灾区经济社会可持续发展、高质量发展的基础性、战略性投入。汶川地震灾区应该依托国家针对长江经济带绿色发展制定的相关政策，研究实行符合当地实际的环境保护政策，建立灾区生态补偿机制，为生态建设提供必要的制度保障。工作重点应该集中在水环境的综合整治和空气污染的严格控制方面。因为地震灾区地处长江上游，是长江上游的生态屏障，灾区的水源质量直接关系长江中下游民众的用水安全，因此，对灾区水体的保护就显得尤为重要。地震灾区应加强对企业和民众节约用水的宣传教育，严格管理污水排放。另外，汶川地震灾区大多地处山区，植被覆盖率比较高，应严格控制未经处理直接排放的废气，淘汰高污染企业，把好空气质量关。

3. 持续加强基层党组织管理能力建设

基层党组织是中国共产党执政的最大组织优势和宝贵资源，是党的全部工作和战斗力的基础。正是由于充分发挥了基层党组织的战斗堡垒作用，我们才获得了应对各种困难和风险的力量源泉，中国共产党团结带领人民群众取得了一个又一个重大胜利。汶川特大地震发生后，灾区广大党员干部"舍小家、顾大家"，充分发挥战斗堡垒作用和先锋模范作用，最大限度保障了灾区人民群众的生命财产安全，维护了社会和谐稳定。在灾区脱贫攻坚阶段，灾区基层党支部和村委会，作为脱贫攻坚战的核心力量，为打赢脱贫攻坚战提供了强有力的组织保证。在脱贫攻坚实际行动中，基层党员干部冲锋一线，尤其是驻村扶贫"第一书记"和驻村干部，他们时刻铭记党员身份，勇于担当、甘于奉献。

在乡村振兴和灾区可持续发展时期，千头万绪的基层工作必须依靠基层党组织来完成。如果没有强有力的基层党组织的正确领导和组织管理，结果一定是"基础不牢、地动山摇"。基层党组织作为党联系群众的纽带和桥梁，是人民群众认识党、认同党、拥护党的窗口，也是组织当地群众开展经济建设、维护社会稳定、应对突发事件和自然灾害的强大力量。所以，加强基层党组织建设，增强基层广大党员干部的党性，提升党员的本领，发挥党员的先锋模范作用，强化基层党组织的执行力和战斗力等，应成为地震灾区常抓不懈的工作。

4. 进一步充分激发地震灾区的内生动力，强化主体意识

汶川地震抗震救灾和灾后恢复重建体现了我国"举国体制"的巨大优势，中央和地方、政府和社会、灾区和非灾区实施全面动员，在中央领导下，各级政府在紧急救援、转移安置、灾后重建和后续发展等各个阶段都发挥了主导作用。中国科学技术发展战略研究院课题组在汶川地震灾区对居民开展的社会调查显示，有80.7%的灾区家庭在2008年7月至2009年6月获得过某种形式的外部支持，近六成的家庭认为政府是他们最重要的外部支持来源。2011年灾区居民调查数据显示，在灾后加固修复了住房的家庭中，有80%得到了政府补贴，户均3000元左右；而在新建（买）住房的家庭中，81%获得了政府补贴，户均约22000元。2018年调查结果显示，10年过后，当灾区群众提到"5·12"地震时，首先想到地震的可怕、恐怖，随后想到的就是共产党、国家、政府、政策、补贴等与政府救灾直接相关的词语。[1]

抗震救灾、灾后重建、脱贫攻坚等都是非常时期国家的一种特殊举措和任务安排。随着灾区人民群众生产生活回归正常，特殊政策的支持和人力、物力的援助就会消失。基于此，灾区地方政府和人民群众在灾后重建和脱贫攻坚完成之后，应该把发展重点聚焦自身内生动力、自身内在潜力方面，不能也不应该产生对上级政府和社会其他力量救助及帮扶的过度依赖。对此，灾区地方政府和相关部门应该加大宣传教育力度，激发人民群众自我发展的积极性和主动性，因地制宜

---

[1]　卢阳旭、赵延东：《重大自然灾害治理的"中国经验"——基于汶川地震灾区系列社会调查结果的分析》，《社会治理》2019年第2期。

地带领当地人民群众自力更生、艰苦创业，重点依靠自身力量克服发展过程中遇到的难题。

5. 持续进行防灾减灾知识教育和技能培训，加强灾区综合防灾减灾能力建设

汶川地震灾区大多属于生态比较脆弱的地区，地质灾害多发、破坏力强、危害大。灾害破坏严重，很容易导致整体性返贫和个体性返贫。因此，灾害风险管理在汶川地震灾区乡村振兴战略和可持续发展过程中，乃至整个公共治理体系中的地位越来越重要。首先，各区市县政府部门应抓好防灾减灾，最大限度减少灾害损失，重点加强防灾减灾基础设施建设。其次，基于汶川地震灾区特殊的地理位置和地质条件，要筑牢全方位、立体化的公共安全网络体系。在汶川地震灾区中小学课程中有必要安排特定的防灾减灾课程，讲解防灾减灾技能，加强学校和学生的公共安全宣传教育；常态化开展风险隐患排查、举办群众性防灾减灾演练，不断提高公众防灾减灾意识和能力，锻炼和提升灾害发生时群众的自我保护和求生技能，避免灾害造成重大财产损失和人身伤亡。

从国家层面看，应进一步完善健全我国应对自然灾害的应急预案、体制机制和法治体系，整合优化应急力量与资源，完善我国立体化、全方位的公共安全网络体系，形成统一指挥、上下联动、反应灵敏、专常兼备的应急管理体制，并把地震灾区的防灾救灾减灾纳入国家总体规划和总体应急管理体制，使其成为国家公共安全体系建设的重要内容。

6. 科学评估，持续大力推进易地搬迁

对那些防灾减灾成本和防返贫成本特别高的区域，还是应该遵照以人为本的发展理念，着力推进异地搬迁，帮助相对贫困人口从不宜居的地区迁出来，到地理位置相对较好的地区集中居住。通过科学评估，让防灾减灾与移民搬迁并行不悖。异地搬迁不仅可以节约防灾减灾成本，而且可以加快公共服务均等化步伐，促进新型城镇化建设、新农村建设和乡村振兴，加快劳动者素质的提升和转型。

（二）研究区 43 个区市县可持续发展的具体对策

近几十年我国城镇化与工业化的高速发展，给广大农村区域的发展带来了非常大的冲击和深刻的影响。长期以来，以城市化为中心的发展在城市与乡村之间引发了一些问题，比如城乡差距越来越大、乡村劳动力流失、农村空心化、耕地流失、乡村环境恶化等问题。对乡村而言，城镇化扩张导致城市周边的大量乡村逐渐丧失了原本的独立性而成为城市的附属，乡村的大量资源因为城市发展的需要而被占用，乡村的劳动力也因为城乡收入差距较大而大量流入城市，导致乡村空心化现象增多，农村出现了更多的"守村人"。同时，大量乡村的发展水平与城市相比，生产力水平低下、配套基础设施不够健全、教育资源与城市差距过大、医疗资源供给难以满足乡村需要。乡村发展不充分，乡村农业产业结构不合理等问题愈发突出，乡村发展的困境也是部分区域性贫困高发的主要原因。

2020 年脱贫攻坚目标任务如期完成之后，困扰中华民族几千年的绝对贫困问题得到历史性解决，但这并不意味着扶贫工作就此结束。中国作为一个农业大国，"三农"问题是关系国计民生的根本性问题，要实现中华民族伟大复兴就必须进行乡村振兴，加快农村社会现代化，让包括广大农民在内的全体国民都过上幸福美好的生活。根据《中共中央关于制定国民经济和社会发展第十四个五年规划和二〇三五年远景目标的建议》，2020~2025 年经济社会发展要努力实现的主要目标之一就包括脱贫攻坚成果巩固拓展和乡村振兴战略全面推进。

在汶川地震灾区，实施乡村振兴战略是防止灾区区域性返贫的关键。在乡村振兴战略背景下，灾区乡村进入转型发展的关键阶段。实现地震灾区的乡村振兴，有效治理是基础、乡风文明是保障、生活富裕是根本，其根本路径就是强化本区域的乡村地域功能。本书通过对研究区内各区市县进行乡村地域功能类型的综合评价，定量分析其乡村地域功能定位，根据主导功能和障碍功能认识不同地区当前的发展强项和短板，从而为本地区实施乡村振兴战略和实现可持续发展提供相对精确的发展建议。

1. 乡村地域功能的识别

（1）乡村与乡村地域功能。

所谓乡村，除了狭义上认为的农村地区，还包括城镇建成区之外的广大空间。乡村作为一种空间聚落，在经济、社会、生态等方面发挥着不同作用，因此衍生出了多种类型的乡村地域功能。

乡村地域功能主要是指在一定的社会发展阶段，某一乡村地域系统在其所属的更大范围的地域空间中，自身属性能够发挥的作用以及能够与其他的系统属性共同发挥的作用。这种作用对自然界和人类社会是有利的。早期社会由于生产力等因素，农业多功能较为全面地反映了乡村地域的综合情况，这一直是国内外研究的重点。随着现代社会工业化和城镇化进程加快，乡村地区的经济结构和产业结构都发生了巨大变化，农业多功能已经无法再准确地反映乡村地域功能的综合情况。因此，近年来国外学者的研究已经开始从农业多功能延伸至乡村地域多功能，如波兰的斯多拉（W. Stola）利用 8 个特征指标，不仅考虑乡村地区的农业功能，还考虑了非农业功能，将研究区域分为6 种功能类型。① 德国的普利宁格（Plieninger）则把乡村地域功能划分为 5 种，除了一般考虑的农业生产功能，还包括居住和生活空间功能等。② 同样，在我国的广大乡村地区，农业多功能已不再是乡村的绝对主导功能，所以想要精确地描述乡村地域，就必须从农业多功能延伸至乡村地域多功能。

我国同样对乡村地域多功能进行了相应研究。刘彦随提出乡村作

---

① Banski, J., Stola, W., "Transformation of the Spatial and Functional Structure of Rural Areas in Poland", *Rural Studies*, 2002（3）：1-12.

② Mander, O., Wiggering, H., Helming, K.（eds.）, *Multifunctional LandUse-meeting Future Demands for Landscape Goodls and Services*, Heidleberg：Springer. 2007：369-385.

为区域空间组织的基本组成部分之一，它的价值体现在农业、生态、经济以及文化等多方面。[①] 刘彦随等在乡村地域功能的分类上给出了自己的标准，将乡村地域功能概括为 4 种类型，分别为经济发展、粮食生产、社会保障和生态保育。[②] 在这些定性讨论的基础上，定量化评价的手段被进一步引入，唐林楠等学者认为乡村地域功能可以分为生产功能、生活功能、生态功能，即"三生"功能，开始围绕"三生"功能对乡村地域功能展开定量化评价。[③] 这种将功能与属性相结合的分类办法在随后的研究中也得到了更大范围的使用。朱琳等学者在研究四川省县域乡村地域功能类型时把目标层分为经济发展功能、粮食生产功能、社会保障功能以及生态保育功能。[④] 目前国内的乡村地域功能评价主要从"三生"视角出发，或者从"三生"功能衍生的视角出发，并且大部分基于县域尺度进行功能评价。

（2）乡村地域功能的识别方法。

①乡村地域功能基本类别与分类方法

本书在借鉴已有成果的基础上，从研究区域的具体情况出发，同样根据乡村地域的功能和属性两个要素进行分类。以"三生"功能为切入点，将研究区内各区市县的乡村地域功能分为 3 个一级功能，即生产功能、生活功能和生态功能。为了提高乡村地域功能分类的精确性，在一级功能的基础上继续细分出 4 个二级功能，分别为农业生产功能、经济发展功能、生活保障功能以及生态保育功能。

在此概念的基础上，首先，构建以生产、生活、生态功能为领域层，以经济发展、粮食生产、社会保障、生态保育功能为准则层的乡

---

① 刘彦随：《中国东部沿海地区乡村转型发展与新农村建设》，《地理学报》2007 年第 6 期。

② 刘彦随、刘玉、陈玉福：《中国地域多功能性评价及其决策机制》，《地理学报》2011 年第 10 期。

③ 唐林楠、刘玉、潘瑜春、任艳敏：《基于 BP 模型和 Ward 法的北京市平谷区乡村地域功能评价与分区》，《地理科学》2016 年第 10 期。

④ 朱琳、王铁霖、夏丹：《四川省县域乡村地域功能类型识别及乡村振兴路径研究》，《热带地理》2021 年第 4 期。

村功能评价指标体系。其次，通过熵值法计算评价指标的权重，进而得到乡村地域功能加权综合评价；然后通过引入 TOPSIS 模型，得到每一个具体区市县地域的主导功能和障碍功能，再将不同强度的二级功能进行组合，以空间分析的方式划分出强综合区、单功能主导区、双功能并重区以及弱综合区 4 种功能区，从而实现对各区市县的精准功能定位。

②乡村地域功能评价的指标体系

A. 指标体系的构建原则

乡村地域具有多功能的属性，对乡村地域功能进行评价会涉及经济、生活、生态等方面，因此，研究使用多因素综合评价法对乡村地域功能进行评价与定位。所谓多因素综合评价法就是将多个不同量纲的指标经过标准化处理之后转换为同一量纲，然后构建评价模型对乡村地域功能进行综合评价。参考国内外的研究成果，本书评价指标体系的构建将遵循以下原则。

指标体系的科学性。评价指标体系的科学性直接关系乡村地域功能评价的科学性，要求指标选取必须合理，每一项指标都有明确的地理意义和可靠的数据来源，并且能够正确地反映乡村地域功能本质。

指标体系的系统性。评价指标体系作为一个整体，应该能从不同方面反映评价对象的基本特征，使评价指标和评价目的结合起来，形成一个层次分明、逻辑清楚的综合评价指标体系。指标体系的完整性以及各指标之间的独立性也是指标体系系统性的应有之义。

指标体系的可操作性。可操作性要求指标的选取既要便于理解又要易于使用。要求指标数量的选取合理，既要防止因指标过多而造成数据处理困难，也要防止因指标过少而无法充分反映乡村地域功能的真实情况。

B. "三生"功能的基本含义

所谓"三生"功能，是指乡村的生产功能、生活功能和生态功能，此为乡村地域功能的 3 个一级功能。为了提高乡村地域功能分类的精确性，在一级功能的基础上继续细分出 4 个二级功能，分别为农业生产功能、经济发展功能、生活保障功能以及生态保育功能。

生产功能。乡村地域生产功能是指乡村地域利用资源进行生产、带动地区经济发展、创造社会财富的过程。生产功能是乡村地域最重要的基本功能，长期以来一直在乡村地域多功能中占据主导地位，生产功能也是乡村地域其他功能得以发展的基础。生产功能可细分为农业生产功能和经济发展功能。

首先，农业生产是乡村地域最基本的生产活动，它不仅满足了乡村地域自身的基本需求，还向其他地区提供资源以维持其运转。因此，人均耕地面积、人均粮食产量、粮食单产、垦殖指数等指标可以有效衡量研究区的农业生产功能。

其次，经济发展指的就是乡村的社会经济发展情况。随着工业化和城镇化进程的加快，当代的乡村地域系统对于农业生产的依赖性逐渐下降，工业和服务业在乡村得到广泛的发展，非农经济在乡村地域系统中占据越来越大的比重。乡镇企业的出现改变了乡村经济发展的格局，常常被用作乡村经济发展功能的评价依据。同时，大量的农村劳动力不再从事单一的农业生产活动，转而流向非农产业，乡村地域系统中的非农就业人口比例也在逐年上升。因此，乡镇企业总产值、人均乡镇企业收入、人均农业产值以及乡村人口非农就业比例等指标可以比较全面地反映乡村的经济发展特征。

生活功能。乡村地域作为乡村人口集中居住和生活的主要空间，是乡村居民赖以生存的栖息地。乡村地域能够满足居民生活所需，安居乐业的生活功能显得尤其重要，它是"三生"功能的首要功能，优秀的生产功能和生态功能的最终指向就是获得更好的生活功能。除了解决最基本的温饱问题，生活功能更体现在能够满足乡村居民在医疗、教育等方面的需求。生活功能的差距是城乡差距中最突出的方面,也是乡村空心化的直接原因。随着城镇化和工业化的发展,乡村地域系统的生活功能也不再局限于满足本土居民的需求,同样可以对城市中一部分向往乡村生活的群体提供基本的服务。因此,乡村收入水平、医疗保健水平、基础教育吸引指数、社会消费水平等指标可以较好地表征乡村地域生活功能。

生态功能。生态功能是保持生态环境稳定和提高生态环境修复的能力,是其他乡村地域功能存在的前提。因此,化肥使用强度、归一化植被指数、森林覆盖度、地形坡度等是衡量乡村地域生态保育功能的合适指标。

生产功能、生活功能与生态功能之间存在复杂的关系,既相互协同又相互拮抗。从乡村地域功能相互协同的角度来看,生态功能是另外两项功能发挥的前提,能同时为乡村地域系统提供宝贵的资源和居民舒适生活的自然环境。而生产功能则是乡村地域系统能够实现更好发展的基础,无论是农业生产功能还是经济发展功能都能为乡村地域系统创造大量的价值,为人类社会的运转提供必要的物质。生活功能则是另外 2 种功能的目的所在,提高生产功能和生态功能的最终指向都是获得更高的生活功能。从乡村地域功能相互拮抗的角度来看,3 种功能在发展中势必会出现较强和较弱的差异,例如,生产功能较强的乡村地域往往在生态功能方面较差,因为生产水平的提高大概率会导致生态环境的破坏,并进一步导致生活功能的降低。可见,乡村地域多功能之间存在制约关系。综合两方面的影响,乡村地域功能评价的重要性就更加凸显,识别出主导功能和障碍功能能够精确认识特定乡村地域的发展现状,从而找到一条适合其发展的正确道路。

C. 乡村地域功能评价指标体系

根据以上的分析讨论,所构建的乡地地域功能评价指标体系如表 7-1 所示。

表 7-1　乡村地域功能评价指标体系

目标层	领域层	准则层	指标层	指标解释及计算方法	权性质
乡村地域功能	生产功能	农业生产功能	人均耕地面积	区域耕地面积/区域年末总人口	+
			人均粮食产量	粮食总产量/区域年末总人口	+
			粮食单产	粮食总产量/粮食作物播种面积	+
			垦殖指数	区域耕地面积/区域土地总面积	+
		经济发展功能	乡镇企业生产产值	区域工业总产值	+
			人均乡镇企业收入	区域工业总产值/区域年末总人口	+
			人均农业总产值	农业总产值/区域年末总人口	+
			乡村人口非农就业比例	第二、三产业从业人员/从业人员	+
	生活功能	生活保障功能	乡村收入水平	农民纯收入/农村人口	+
			医疗保健水平	医院床位数/区域总人口	+
			基础教育吸引指数	小学在校人数/0～18岁人口数	+
			社会消费水平	社会消费品总额/区域总人口	+
	生态功能	生态保育功能	化肥使用强度	化肥使用量/区域耕地总面积	－
			NDVI均值	归一化植被指数	+
			森林覆盖度	森林覆盖面积/区域土地总面积	+
			地形坡度	平均地形坡度	－

（3）指标权重的确定。

①数据标准化处理

由表7-1可知，用于乡村地域功能评价的指标数量较多并且涉及范围广，同时所采用的不同指标之间存在量纲上的差异。为了消除量纲不同的影响，必须对所得数据进行标准化处理，以便不同的指标之间具备可比性。本书采用极差归一化方法对所选指标进行标准化处理，因为采用的指标同时存在正向指标和负向指标，在标准化时分别进行区分，具体如式（7-1）、式（7-2）所示。

$$正向指标：d_{ij} = (1-a) + a\frac{X_{ij}-X_{i\,min}}{X_{i\,max}-X_{i\,min}}, (i=1, 2, 3, \cdots, n; j=$$

$$i=1, 2, 3, \cdots, m) \tag{7-1}$$

$$负向指标：d_{ij} = (1-a) + a\frac{X_{i\,max}-X_{ij}}{X_{i\,max}-X_{i\,min}}, (i=1, 2, 3, \cdots, n; j=$$

$$i=1, 2, 3, \cdots, m) \tag{7-2}$$

式中，d_{ij} 表示第 i 个区县第 j 个指标的标准化值；X_{ij} 表示第 i 个区县第 j 个参评指标的原始值；$X_{i\,max}$ 和 $X_{i\,min}$ 分别表示第 i 区县第 j 个评价指标原始值的最大值和最小值。a 取 0.9，然后计算标准化后的第 i 个区县第 j 项指标占 j 项指标和的权重 P_{ij}，如式（7-3）所示。

$$P_{ij} = \frac{d_{ij}}{\sum_{i=1}^{n} d_{ij}}(i = 1,2,3,\cdots,n; j = i = 1,2,3,\cdots,m) \tag{7-3}$$

②评价指标权重的确定

不同指标在评价之中的价值不同，因此需要确定不同指标的权重值，权重值的大小会对综合评价的结果产生重要影响。一般用于确定权重的方法可分为两大类，即主观赋权重法和客观赋权重法。由于主观赋权重法的主观性过强，需要决策者拥有丰富的经验，因此，本书并未采用主观赋权重法，而是选择更加注重数据客观性的客观赋权重法，通过客观赋权重法可以有效避免主观因素导致的误差。本书在评价指标权重的确定上选择使用熵值法，熵值法作为一种客观赋权重法，在避免主观不利因素的同时通过确定多指标的熵值来确定权重。根据已经得到的标准化数据，按照以下公式计算不同指标的熵值。

$$e_j = -k \sum_{i=1}^{n} P_{ij} \ln P_{ij} (i = 1,2,3,\cdots,n; j = i = 1,2,3,\cdots,m) \qquad (7\text{-}4)$$

式中，调节系数 $k>0$ 且 $k=1/\ln n$，$\ln$ 为自然对数，n 为评价对象的数目即区县数，m 为评价指标的数目，则可以将各个指标的熵值计算公式转换为：

$$e_j = -\frac{1}{\ln n} \sum_{i=1}^{n} P_{ij} \ln P_{ij} (i = 1,2,3,\cdots,n; j = i = 1,2,3,\cdots,m) \qquad (7\text{-}5)$$

然后进一步计算第 m 项指标的差异系数（信息效用值）g_j：

$$g_j = 1 - e_j \qquad (7\text{-}6)$$

式（7-6）中，g_j 反映了不同指标的重要程度，信息效用值越大则重要程度越高，然后进一步计算第 j 项指标的权重：

$$w_j = \frac{g_j}{\sum_{j=1}^{m}}, (j = 1,2,3,\cdots,m) \qquad (7\text{-}7)$$

按照以上公式能够确定各个指标的权重，按照层次分别向上相加各个指标的差异系数，则能够得到各个准则层的效用价值 B_k（$k=1,2,\cdots,k$），然后将准则层的差异系数相加，则能够得到所有指标效用价值的总和 $B = \sum_{k=1}^{m} B_k$，同时能够得到各个领域层的权重 $W_k = \frac{B_k}{B}$，最终通过熵值法可以得到各个指标的客观权重，如表7-2所示。

表7-2　熵值法确定所得指标权重

目标层	领域层	准则层	指标层	权重
乡村地域功能	生产功能	农业生产功能	人均耕地面积	0.073
			人均粮食产量	0.033
			粮食单产	0.034
			垦殖指数	0.142
		经济发展功能	乡镇企业生产产值	0.106
			人均乡镇企业收入	0.056
			人均农业总产值	0.046
			乡村人口非农就业比例	0.042
	生活功能	生活保障功能	乡村收入水平	0.096
			医疗保健水平	0.065
			基础教育吸引指数	0.064
			社会消费水平	0.066
	生态功能	生态保育功能	化肥使用强度	0.042
			NDVI均值	0.029
			森林覆盖度	0.059
			地形坡度	0.046

（4）乡村地域功能评价。

①计算功能指数

对乡村地域多功能的评价需要确定不同功能的具体功能值，以此来定量确定不同功能之间的强弱差异，同时也能直观地反映乡村地域功能综合强弱情况。

在得到各指标权重和标准化处理数据的基础上，本书使用加权求和法来计算不同功能的具体功能指数，如式（7-8）所示。

$$f_j = \sum_{j=1}^{n} P_{ij} \times w_j \qquad (7-8)$$

式（7-8）中，f_j表示乡村地域功能的评价值，P_{ij}表示第 i 项功能的第 j 项指标，w_j 则表示第 j 项指标所对应的权重。

②乡村地域功能等级划分

通过加权求和法所得的各个乡村地域功能的评价指数越大，则该项功能越强。同时，本书利用地理信息系统软件中的自然断点功能对乡村地域功能进行等级划分，针对每一种领域层功能都划分为 4 个等级，即Ⅰ级、Ⅱ级、Ⅲ级、Ⅳ级功能区，Ⅰ级为强功能等级，Ⅱ级功能要弱些，以此类推。

（5）乡村地域功能识别。

①乡村地域功能分区概念模型

"三生"功能构成了乡村地域多功能系统，不同的功能在相互作用之下又构成了具有不同特征的功能区，不同的功能区由于其自身的独特特征，适宜采用差异化发展策略。因此，为实现不同乡村地域系统因地制宜发展，对于功能分区的探讨具有必要性。在前文得到的"三生"功能等级划分基础之上，本书构建乡村地域功能分区模型（见图 7-1）。建立具体的三维空间坐系，坐标轴 x、y、z 分别代表生产功能、生活功能和生态功能，并且对应已经划分出的 4 个等级功能区，将每一个坐标轴也划分出 4 个等级，根据功能值的高低将等级含义确定为强、较强、较弱、弱，根据不同的组合在领域层得到以下五大类功能区，同时在准则层额外生成多功能并重区。

强综合功能区。该功能区的"三生"功能均处于较高水平，整体的发展水平处于优势地位，发展策略应继续注重对各个功能的同步建设，并且协调各个功能之间的关系，以免出现障碍功能。

双功能并重区。该功能区的"三生"功能中有 2 种功能较强、1 种功能较弱，通过组合可以定义出生产-生活功能区、生产-生态功能区以及生活-生态功能区 3 种具体类型。此类功能区的发展策略应为在继续协调强势双功能的基础上同步加强对障碍功能的建设，在保证各功能已有优势的前提下尽可能实现综合性的全方位高水平发展。

单功能主导区。该功能区的"三生"功能中仅有一种功能较强，

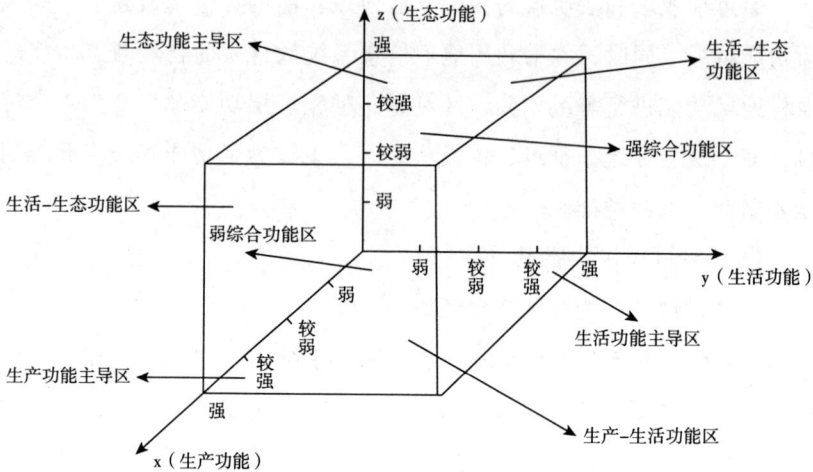

图 7-1　乡村地域功能分区模型

另外的两种功能都处于较弱或弱的等级。根据组合可以定义出生产功能主导区、生活功能主导区以及生态功能主导区 3 种具体类型。此类功能区的发展策略为应该优先维持住现有强势功能的水平，抓住已有的特色对其进行有针对性的打造，以主导功能为发展重点，同步拉动弱势功能的发展。

弱综合功能区。该功能区的"三生"功能都处于较弱或弱的等级，综合发展水平偏低，同时没有突出性的主导功能。此类功能区的发展策略是应在现有的基础上找到"三生"功能中处于相对优势的功能，并探讨其发展为主导功能的可能性。

多功能并重区。该功能区仅在准则层下产生，用于衡量准则层功能区介于强综合功能区与双功能并重区之间的乡村地域。该功能区存在多项强或较强功能，但同时存在明显的障碍功能。此功能区的发展策略应为继续稳固现有发展水平较强的功能，同时可以根据地域情况酌情对障碍功能进行建设。

根据以上内容构建的乡村地域功能区划分如表 7-3 所示。

表 7-3　乡村地域功能区划分

乡村地域功能类型	乡村地域功能亚区
强综合功能区	强综合功能区
双功能并重区	生产-生活功能区
	生产-生态功能区
	生活-生态功能区
单功能主导区	生产功能主导区
	生活功能主导区
	生态功能主导区
弱综合功能区	弱综合功能区
多功能并重区	多功能并重区

为了更加全面和精准地衡量乡村地域功能，需要从定量的角度寻找各个乡村地域系统的主导功能和障碍功能。本书使用改进的 TOP-SIS 模型并根据本书的实际情况做出改变，实现对乡村地域主导功能和障碍功能的精确判别。具体的计算步骤如下。

A. 构建决策矩阵

根据前文极差归一化得到的标准化数据构建决策矩阵 P。

B. 构建规范化矩阵

根据熵值法得到的权重 W，结合决策矩阵 P，得到规范化矩阵 F，如下所示：

$$F = P \times W, F = \begin{bmatrix} f_{11} & f_{12} & \cdots & f_{1j} \\ f_{21} & f_{22} & \cdots & f_{2j} \\ \cdots & \cdots & \cdots & \cdots \\ f_{i1} & f_{i2} & \cdots & f_{ij} \end{bmatrix}, (i = 1,2,3,\cdots,n; j = 1,2,3,\cdots,m)$$

$$(7-9)$$

C. 确定正负理想解

正理想解 F^+ 与负理想解 F^- 的计算如下所示：

$$F^+ = \left\{ \max_{1 \leqslant j \leqslant m} f_{ij} \mid j = 1,2,\cdots,n \right\} = \left\{ f_1^+,\cdots,f_m^+ \right\} \qquad (7\text{-}10)$$

$$F^- = \left\{ \max_{1 \leqslant j \leqslant m} f_{ij} \mid j = 1,2,\cdots,n \right\} = \left\{ f_1^-,\cdots,f_m^- \right\} \qquad (7\text{-}11)$$

D. 计算欧氏距离

计算已经得到的各个区市县的单功能值与正负理想值之间的欧式距离，公式如下：

$$D_i^+ = \sqrt{\sum_{j=1}^{m} (f_{ij} - f_j^+)^2} \quad (j = 1,2,\cdots,m) \qquad (7\text{-}12)$$

$$D_i^- = \sqrt{\sum_{j=1}^{m} (f_{ij} - f_j^-)^2} \quad (j = 1,2,\cdots,m) \qquad (7\text{-}13)$$

式中，D_i^+ 与 D_i^- 分别代表正欧氏距离和负欧氏距离，f_{ij} 为某一个功能的第 i 个样本的第 j 项指标加权标准值，f_j^+ 与 f_j^- 则分别代表第 j 项指标加权标准值在其所属样本序列中的最大值和最小值。

F. 计算相对贴近度

相对贴近度 C_i 用于衡量乡村地域功能的优劣程度，取值范围在 0~1。值越大则代表越接近正理想值，主导性越强；值越小则代表越接近负理想值，主导性越弱。

$$C_i = \frac{D_i^-}{D_i^- + D_i^+} \qquad (7\text{-}14)$$

G. 功能排序

根据得到的相对贴近度对各个区市县的功能进行优劣排序。

2. 数据的来源与处理

研究数据在时间上是以 2020 年各区市县的自然资源和社会经济数据为依据。社会经济数据主要来源于四川省统计局提供的 2021 年《四川省统计年鉴》以及其所在的地级市 2021 年统计年鉴，如 2021

年的《绵阳市统计年鉴》《德阳市统计年鉴》《广元市统计年鉴》等。另外，有部分数据来源于各地统计局公报。

空间信息数据主要来源于地理空间数据云，主要包括各区市县的矢量地图数据、数字高程模型数据（DEM）。遥感影像数据来源于美国 NASA 网站提供的 30 米分辨率的 Landsat8 数据。上述数据是原始数据，部分指标需要据此进行相关运算衍生而出。地形坡度求的是各个区市县的坡度的均值，在获取四川省 30 米分辨率的 DEM 后，进行坡度提取。归一化植被指数（NDVI）使用 Landsat 8 影像数据提取，其基本计算公式为：NDVI=（近红外−红外）/（近红外+红外）。

3. 各区市县乡村地域功能识别与可持续发展对策

根据上述乡村区域功能的类型划分标准，利用利州区、苍溪县、阆中市、昭化区、剑阁县、旺苍县等 43 个区市县的基础数据，对 43 个区市县乡村区域功能进行精准的识别和定位，然后根据功能识别和定位的结果，找出各区市县之间的自然条件和社会经济条件的差异，发挥各区市县的自身优势，提出相应的可持续发展对策，从而服务于其乡村振兴战略。

（1）利州区

利州区的乡村地域功能定位结果是生产−生活功能区。利州区位于广元市中部地区，是广元市的中心城区。作为全市的政治、经济、文化中心，在引领广元市的发展方面起到了重要作用。利州区的工业发达，其工业产值在广元市位居第一，产业结构合理，乡村人口非农就业比例达到了 79.16%，主要从事第三产业。区内公共设施设备完善，卫生事业和教育事业蓬勃发展，居民的生活保障程度较高，但工业化的快速推进，对乡村的生态环境造成了一定的破坏。因此，利州区在未来的发展中应该注意保护生态环境，部分工业发展水平较高的地区应该把工作重心转移到生态环境保护上来。植树造林，提高全区的森林覆盖率，减少大气污染物的排放，做到减碳低碳。在发展工业的同时保护环境，坚持走绿色发展之路，实现综合可持续发展。

（2）苍溪县

苍溪县的乡村地域功能定位结果是生产-生活功能区。其主导功能为生活保障功能，副主导功能是农业生产功能，障碍功能是经济发展功能。苍溪县地处川东丘陵向高山的过渡地带，地形起伏度大，旱地资源多，粮食生产能力不高，但特色农产品较多，农林牧渔业结构较好，农业经济总体相对发达。工业化水平相对较低，工矿企业相对落后于其他地区。该地区的教育水平和卫生医疗事业发展较好，居民生活保障程度高。在未来的发展中，苍溪县应大力发展工业，对乡村人口加强生产技能培训，提高非农就业水平。在生活保障方面，应继续保持优势，争取配备更多的基础设施以及更多的社会服务。同时，应大力实施土地整理，建设高标准农田，提高耕地质量；在大坡度地区实行退耕还林，提高全县的森林覆盖率，增强水土保持能力。在工业和农业经济协同发展中保护好生态环境，最终实现乡村的绿色全面可持续发展。

（3）阆中市

阆中市的乡村地域功能定位结果是生产-生活功能区。其主导功能为生活保障功能，副主导功能是农业生产功能，障碍功能是经济发展。阆中市自然风景优美，文物古迹众多，历史文化积淀深厚，旅游业发展水平较高。阆中市特色农产品较多，农林牧渔业结构较好，农业经济总体比较发达。未来发展中，阆中市应依托本地特色农产品和中草药资源优势，大力发展食品医药、丝纺服装、家居建材、清洁能源等产业。同时，要大力实施土地整理，提高耕地质量，稳定农业生产。在工业和农业经济协同发展中保护好生态环境，最终实现乡村的绿色全面可持续发展。

（4）昭化区

昭化区的乡村地域功能定位结果是生产-生态功能区。昭化区经济发展水平较高，工农业生产能力均衡，产业结构分布较为合理。但也存在一些问题，如粮食生产能力相对落后，粮食产量较低；乡村人口非农就业率较低，生产劳动技能较差；区内公共基础设施和教育、医疗卫生等生活保障设施较差，居民的生活保障程度不高。但区内生态环境保护较好，环境优良。在未来的发展中，昭化区在大力发展工业经济的同时，应加大农业经济发展力度，强化粮食生产能力，推进农业合作化，广泛开展乡村居民的生产生活技能培训，提高非农就业人员比例。下气力弥补发展中的短板，大力推进教育和卫生事业的发展，增加公共服务的供给，提高区内群众生活保障程度，走生产功能、生态功能和生活功能协调发展的乡村振兴之路。

（5）剑阁县

剑阁县的乡村地域功能定位结果是生产-生态功能区。该地区的主导功能为农业生产功能，生态功能也较强，障碍功能为经济发展功能，经济发展能力较弱。剑阁县地势较为平缓，地形起伏小，全县的粮食作物播种面积大，粮食作物的总产量高，因此该地区的农业较为发达。但是工业以及乡镇企业相对较弱，社会消费水平较低。因此，剑阁县在未来的发展中，应大力推动乡镇企业的发展，以现代农业为主，大力发展特色农产品，用农业带动工业的发展，通过农业与工业相结合的方式，发展农业经济，带动乡村人口的非农就业。同时，应完善基础设施，给乡村住户提供更多的福利和生活保障，建立更多的医疗机构以及学校来促进医疗事业和教育事业的发展。

（6）旺苍县

旺苍县的乡村地域功能定位结果是生活-生态功能区。旺苍县生态环境优美，政府保护力度大，县内重点城镇的基础设施配备齐全，教育和医疗卫生事业也比较发达，宜居程度较高。近年来，旺苍县经济发展势头较好，工业快速发展，地方乡镇企业较为发达；农林牧渔业结构比较合理，但粮食生产能力相对较弱，有待提高。旺苍县未来的发展应该以调整优化为主，工业上要继续保持良好的发展势头，农业发展的重点应放在粮食生产方面，把粮食生产的责任落到实处，加快农业结构性调整，加大政府扶持力度，充分调动农民种粮的积极性，不断提高粮食生产综合能力。

（7）南江县

南江县的乡村地域功能定位结果是生产-生态功能区。南江县是国家的主体生态功能区，自然环境优美。南江县未来的发展要立足于优质特色农产品资源、丰富的矿产资源和区位优势，占领生态经济发展高地。工业发展除了要继续保持旺盛的发展势头，还要积极探索绿色工业发展的路径。农业发展的重点要放在粮食生产方面，把粮食生产的责任落到实处，加快农业结构性调整，加大政府扶持力度，充分调动农民的种粮积极性，不断提高粮食生产综合能力。同时，不断推进农业经营模式的现代化，探索种养循环的农业发展新途径。

（8）朝天区

朝天区的乡村地域功能定位结果是生产功能主导的单一功能区。其主导功能与副主导功能分别为农业生产功能与经济发展功能，但其生活保障功能和生态保育功能相对较弱，反映了该区的生产功能远远强于其生活功能和生态功能。朝天区耕地资源丰富，农业从业人数众多，粮食作物产量高；同时乡镇企业发展较快，工业总产值较高，乡村居民的人均可支配收入稳定。但在生活保障方面仍然有一定的欠缺，公共服务不够完善。境内丰富的耕地资源以坡耕地和旱地为主，从而降低了森林覆盖率，加剧了水土流失，生态保育功能受到较大的影响。因此在未来的发展中，朝天区应加强基础设施建设，修建学校和配备更多师资力量以提高全区的教育水平。在统筹农业生产的同时，适当推行植树造林、退耕还林政策，增强生态保育功能，实现绿色全面可持续发展。

（9）青川县

青川县的乡村地域功能定位结果是生态功能主导区。该地区的主导功能为生态保育功能，障碍功能为生活保障功能，表明青川县生态功能强于其他功能。青川县山区较多，地形起伏较大，森林覆盖率高达73%，生态环境保护较好，但不利于乡镇企业以及工业的发展，经济发展能力较弱。同时，由于山区地形复杂，乡村耕地面积较少，粮食生产方面落后；并且地理位置较偏僻，医疗卫生和教育等公共服务的提供相对不足，群众生活质量保障程度较差。因此在未来的发展中，青川县应充分发挥本地区的林业资源及其副产品丰富的优势，大力发展林下种植养殖业；同时促进医疗卫生事业和教育事业的发展，配备更多的资源，提高公共服务水平，让居民享受较高水平的生活保障。另外，利用该地区优良的生态环境和丰富的旅游资源，大力发展旅游业，带动区内经济的发展，实现乡村振兴。

（10）涪城区

涪城区的乡村地域功能定位结果是生产-生活功能区。涪城区是绵阳市的主城区，在经济发展等方面具备非常强的实力，经济发展功能和生活保障功能突出，且良好的经济发展功能和生活保障功能呈现相互协同的趋势和逐步扩大的优势。涪城区的地理位置较好，尽管其障碍功能为农业生产功能，但其本身的农业生产条件并不差。功能分区的结果显示，其经济发展功能和生活保障功能为Ⅰ级功能，农业生产功能和生态保育功能为Ⅲ级功能。在未来的发展中，涪城区应继续将经济发展功能作为最主要的发展方向，加强经济产业的建设，以此反哺生活保障水平。同时，涪城区可以考虑将本区的农业向都市休闲农业的方向发展，将农业与旅游业结合，从而释放出更加强大的经济发展活力。

（11）游仙区

游仙区的乡村地域功能定位结果是多功能并重区。游仙区也是绵阳市的主城区，各方面的水平处于比较平衡的状态。但与涪城区相比，其城镇化水平略低，经济发展也存在一定的差距。总体而言，该区的经济发展功能、生活保障功能以及生态保育功能都有较高的水平。功能分区的结果显示，其生活保障功能为Ⅰ级功能，经济发展功能和农业生产功能为Ⅱ级功能，生态保育功能为Ⅲ级功能。从功能定位来看，游仙区的主导功能为生活保障功能，生活保障功能处于比较高的水平。游仙区自然条件优越，发展的空间比较大，其未来发展方向应当是进一步提高城市化水平，发挥区域优势，推动相关农业、旅游业的发展，进一步增强经济发展功能，稳步保持其生活保障功能，同时提高其生态保育功能，朝着强综合功能区的方向发展。

（12）江油市

江油市的乡村地域功能定位结果是多功能并重区。江油市面积较大，土壤条件和气候条件优越，耕地资源充足，大部分地区能够满足农作物两熟的热量要求。其功能分区结果显示，经济发展功能和生活保障功能为Ⅱ级功能，农业生产功能和生态保育功能为Ⅲ级功能，主导功能为经济发展功能。近年来，江油市的经济发展一直处于较高水平，唯一不足的是，没有对市境内优越的农业生产条件加以充分利用，导致农业生产功能成为其障碍功能。在未来的发展中，江油市应继续以促进经济发展功能为重点，同时加强农业生产功能的建设，利用好自身所具备的优越条件，向着强综合功能区的方向迈进。

（13）三台县

三台县的乡村地域功能定位结果是生产功能主导区。三台县是一个典型的人口大县，也是一个农业大县，在籍人口超过百万人，但近年来人口流失情况严重。其功能分区结果显示，农业生产功能为Ⅰ级功能，经济发展功能与生活保障功能为Ⅲ级功能，生态保育功能为Ⅳ级功能。发达的农业生产功能与落后的生态保育功能之间产生了明显的拮抗作用，农业的相对发达导致林地生态资源受到一定程度的破坏。同时，农业生产作为主导功能也使得三台县工业化进程较慢，相对单一的农业主导功能致使其经济力量相对薄弱，从而进一步导致三台县群众整体的生活保障水平相对较低。未来三台县要加大农业科技投入，革新农业经营方式，走新型集约化的农业发展道路。发挥毗邻涪城区与成都市的地理优势，加大工业发展的力度，建立合理的产业化体系，以增强经济发展能力。另外，应提高城市化水平，加大生态环境保护的力度，增强自身的软实力，防止人口大量外流，最终实现从农业主导型单一功能区向生态功能、生产功能和生活功能协同发展区转变。

（14）安州区

安州区的乡村地域功能定位结果是农业－经济双功能并重区。2016年，原绵阳市安县正式转设为绵阳市安州区，自此，安州区迎来了新的发展契机，成为绵阳市科技产业发展的重点区域。功能分区结果显示，安州区农业生产功能为Ⅰ级功能，经济发展功能为Ⅱ级功能，生活保障和生态保育功能为Ⅲ级功能。综合来看，安州区作为新设立的主城区，在经济发展方面呈现较强的活力，大量高新企业的入驻提高了安州区的经济发展水平，其农业生产主导功能也得到了进一步发挥。相较于较高的生产水平，区内的城镇化程度还不够，生活功能和生态功能还存在较大的提升空间。安州区的地形条件是西北部多高山丘陵，中南部是平原地区，因此，中南部地区在未来的发展中，应坚持以农业生产和经济发展为重点，加强基础设施建设，提高城镇化水平；西北部地区以生态保护为主，利用其优越的自然条件和独特的旅游资源，发展现代农业和观光旅游休闲产业，从而促进当地的经济发展。

（15）盐亭县

盐亭县乡村地域功能定位结果是农业生产功能主导区。盐亭县地处川东丘陵地带，是成渝双城经济圈的核心腹地，拥有较大的发展潜力。功能分区结果显示，盐亭县农业生产功能为Ⅱ级功能，经济发展功能、生活保障功能以及生态保育功能为Ⅲ级功能，主导功能为农业生产功能。盐亭县的整体发展水平较低，农业生产功能的主导性极为显著，但其余功能的发展也都处于相对较低的水平。因此在未来的发展中，盐亭县应利用自己独特的地理优势，努力从成渝双城经济圈的建设中获得更多发展机遇，加大对新兴产业的投入，形成能够起到支柱作用和引领作用的产业。在农业生产方面，积极探索新模式，实现农业现代化，从而创造出更大的经济价值。

（16）平武县

平武县乡村地域功能定位结果是生态保育功能主导区。平武县位于绵阳市西北部，境内山地地貌较多，具有丰富的自然资源，也被称为大熊猫之乡。功能分区结果显示，平武县生态保育功能为Ⅱ级功能，经济发展功能、生活保障功能以及农业生产功能为Ⅳ级功能，主导功能为生态保育功能。平武县有3项功能在贴近度排名中处于最后位置，足以说明其综合发展水平很落后，乡村振兴的挑战非常大。但平武县的优势在于拥有相当优秀的生态旅游条件，境内拥有多个全国知名的旅游景点。因此在未来的发展中，平武县应扎实巩固现有的生态保育功能，努力发挥其充分的生态旅游资源，将优秀的生态条件作为发展的主要路径，将绿色产业与旅游业相结合，实现经济可持续发展与乡村振兴。

（17）梓潼县

梓潼县乡村地域功能定位结果是生态-农业双功能并重区。梓潼县位于绵阳市的东南部，境内地形以低山丘陵为主，耕地资源充足。功能分区结果显示，梓潼县生态保育功能和农业生产功能为Ⅱ级功能区，生活保障功能和经济发展功能为Ⅲ级功能，主导功能为生态保育功能和农业生产功能。综合来看，梓潼县的生态保育功能和农业生产功能呈现相互协同的发展趋势，农业生产结合其自身优越的生态条件，衍生出大量的绿色食品产业。在未来的发展中，梓潼县应继续加强这种协调发展的优势，增强工业的支撑能力，同时提升广大人民群众相应的生活保障水平，努力克服障碍功能。

（18）北川羌族自治县

北川羌族自治县乡村地域功能定位结果是生活-生态功能区，该县是全国唯一的羌族自治县。功能分区结果显示，北川县生态保育功能为Ⅰ级功能，生活保育功能为Ⅱ级功能，经济发展功能为Ⅲ级功能，农业生产功能为Ⅳ级功能。由此可见，北川县的各功能之间发展不平衡的趋势尤为明显。由于北川县地处绵阳市西北部地区，全境皆山，农业生产发展的难度较大；但生态资源优越，同时羌族文化也是其一个独特的名片；由于人口较少，生活保障功能方面在县域内较强。在未来的发展中，北川县应着眼于生态资源的大力开发，并结合自身的地理条件，发展种植茶树等因地制宜的产业，以生态、旅游和羌文化产业为基础，巩固脱贫攻坚成果，实现全县的可持续发展。

（19）旌阳区

旌阳区乡村地域功能定位结果是经济发展－生活保障功能区，主导功能是经济发展。由于旌阳区是德阳市的主城区，基础设施完善，公共服务良好，生活保障功能强，但在农业生产功能和生态保育功能方面相对较弱。在未来发展中，除了加大高标准农田建设力度以外，还应利用靠近德阳市城区的地理优势，大力发展高价值的特色种植业和养殖业，延长农牧产品产业链，提高农业经济效益。文化振兴是乡村振兴的灵魂所在。旌阳区是川西平原历史悠久的文化之城，有德孝文化、长寿文化、农耕文化、红色文化、民俗文化、三国文化等丰富且独特的文化类型，深入挖掘旌阳区优势文化资源，积极发展旌阳区特色文化产业，把这些独特的文化资源与乡村旅游产业进行融合式开发，从而打造旌阳乡村文化旅游的"大美"格局，促进乡村振兴发展。

（20）罗江区

罗江区乡村地域功能定位结果是生产－生态功能区。主导功能是生产功能，副主导功能是生态保育功能，障碍功能是生活保障功能。罗江区隶属德阳市，位于四川盆地丘陵区西北部地区，属浅丘地区，地形条件不算优越，但境内矿产资源优势明显，天然气储量充足，还有多种工业建设所需的重要资源。罗江区位于成德绵经济带，交通发达，受成德绵一体化发展的带动作用较强。未来罗江区的发展，应大力打造农业示范区，建设高标准农田，提高其粮食生产能力；同时大力利用其天然气及其他工业资源丰富的优势，发展相关产业。应有针对性地改进罗江区基础设施较差、社会公共服务能力不足的问题，大力进行基础设施建设，改善居民生活环境，提高区内的生活保障能力。

（21）绵竹市

绵竹市乡村地域功能定位结果是综合功能区，生产功能、生活功能和生态功能均得到均衡发展。绵竹市受地形因素的影响，市内区域差异较大。西北部以中高山地为主，人口相对较少，基础设施相对较差，生产功能和生活功能较弱，但植被覆盖率高，生态保育功能较强；东南部是平原地区，属成都平原的核心区，生产条件优越，农业生产和工业生产势头强劲，但生态保育功能相对较弱。总体来说，绵竹市自然条件优越，区内矿产资源、土地资源、旅游资源和文化资源丰富，在未来发展中，应注意发挥自身优势，走综合发展的道路，充分发挥乡村的民俗文化、年画文化的文化优势，发展富有特色的乡村旅游；同时，因矿产资源丰富，开发利用特别容易造成水土流失和环境污染，故应特别注意保护环境，向强综合功能区方向稳步发展。

（22）什邡市

什邡市乡村地域功能定位结果是综合功能区，生产功能、生活功能和生态功能均得到均衡发展。什邡市与绵竹市毗邻，自然条件和社会条件也极为相似。受地形因素的影响，什邡市内区域差异较大，西北部以中高山地为主，生态保育功能较强；东南部是平原地区，属成都平原的核心区，生产条件优越，农业生产和工业生产势头强劲，基础设施完备，生活保障能力较强，但生态保育功能相对较弱。什邡市矿产资源、土地资源、旅游资源丰富，在未来发展中，什邡市应注意发挥自身优势，走综合发展的道路，利用其优越的地理优势，大力发展特色农业和乡村旅游业。另外，什邡市因矿产资源丰富，开发利用易造成水土流失和环境污染，在发展的同时要格外注重保护环境，向强综合功能区方向稳步发展。

（23）中江县

中江县乡村地域功能定位结果是农业生产功能单功能主导区。农业生产功能是其主导功能，障碍功能是经济发展功能，副障碍功能是生活保障功能。中江县位于四川省中部丘陵地带，气候为亚热带湿润季风气候，雨水充足，境内河流近百条，水资源丰富，粮食产量连续十几年排名四川省第一，是个典型的农业生产大县，但中江县总体社会发展状况不是很理想。在未来发展中，中江县要加大高标准农田和农业园区的建设力度，进一步增强中江县的农业生产功能；并在此基础上开发农副产品，打造农业产业链条，鼓励加工农副产品；实行生产销售一体化；打造当地的特色产业，如采摘园等。在未来发展中，中江县应与周围的区市县进行合作，种植更多种类的经济作物，如中药材、水果等。另外，还需加大交通、医疗卫生和教育设施的建设力度，弥补县内生活保障功能的短板，促进县内各项功能的均衡发展。

（24）广汉市

广汉市乡村地域功能定位结果是强综合功能区。生态保育功能是其主导功能，生活保障功能是其副主导功能。广汉市地处成都平原腹地，地形平坦；气候为湿润气候，降水较多，四季温差明显；岷江水系经过广汉市境内，水资源丰富。境内旅游资源丰富，三星堆文化遗址是世界级旅游胜地。广汉市毗邻成都市区，社会经济发展受成都市区的辐射带动作用强，各功能发展相对均衡。在未来发展中，广汉市需要继续做好各功能间的平衡工作，发挥本地的优势，加强对外贸易，提高本地人均收入，同时还要注意环境保护，加大污染治理力度。

（25）彭州市

彭州市乡村地域功能定位结果是生产-生活功能区，生态保育功能相对较弱。彭州市地形比较复杂，地势西北高、东南低，气候温润，水资源丰沛，工农业经济发展强劲，经济总量较高。市内发展差异明显，西北地区属高山丘陵区，耕地资源稀少，但生态环境良好，旅游资源众多，是成都市市民休闲度假的主要目的地。东南部是成都平原核心区，土地资源充足，工农业经济发展水平高，但由于工业发展偏重于石化、制药等行业，有一定的环境污染。彭州市在未来发展中，要注意做好环境保护工作，让市内更加宜业宜居。

（26）都江堰市

都江堰市乡村地域功能定位结果是强综合功能区，各项功能的发展强劲且均衡。都江堰市地势西北高、东南低，气候温润，水资源丰沛，旅游业和服务业水平高，粮食生产能力较强。市内发展差异明显，西北地区属高山丘陵区，耕地资源稀少，但生态环境良好，拥有都江堰和青城山两大世界级旅游资源，旅游业发达。东南部是成都平原核心区，土地资源充足，农林经济发达。在未来发展中，都江堰市应继续发挥独特的资源优势，持续壮大旅游产业，深入推进成都旅游消费中心建设，打造世界遗产山水文旅新城，让都江堰市成为生态宜居公园新城。

（27）崇州市

崇州市乡村地域功能定位结果是生产-生活功能区。崇州市境内属山地、丘陵、平原兼有的地貌类型，地势从东南到西北逐渐升高。崇州市工农业经济发展强劲，经济总量较高。市内发展差异明显，西北地区属高山丘陵区，生态环境良好，旅游资源众多，是成都市市民休闲度假的主要目的地之一。东南部是成都平原核心区，土地资源充足，工农业经济发展水平高。在未来发展中，崇州市的工业应加快向绿色智能转型，巩固农业粮食生产能力，大力发展乡村旅游和古镇旅游，促进当地可持续发展和乡村振兴。

（28）大邑县

大邑县乡村地域功能定位结果是综合功能区，生产功能、生活功能和生态功能得到均衡发展。大邑县地势西北高、东南低，呈阶梯状渐次降低，依次出现山区、丘陵和平原三大地形区，具有"七山一水二分田"的地貌结构。未来发展中，大邑县工业要加快向智能制造转型，农业向现代都市农业方向发展，巩固粮食生产能力，依托西岭雪山和花水湾温泉，加快县内的农商文旅体各产业的融合发展，促进乡村振兴发展。

（29）汶川县

汶川县乡村地域功能定位结果是生态功能区。汶川县经济总量较小，粮食生产能力不足，工业发展较弱。县内旅游资源丰富，羌族文化色彩浓郁，特色种植业比较发达。因此在未来发展中，汶川县要重点发展民族特色鲜明的文化旅游业，利用独特的气候条件，打造水果、花卉、中药材等特色种植基地和养殖业基地，促进县域内经济可持续发展。

（30）茂县

茂县乡村地域功能定位结果是弱综合功能区。茂县社会经济发展水平相对较低。茂县地貌以高山峡谷为主，气候受西风环境和印度洋西南季风影响，属高原性季风气候。县内旅游资源丰富，羌族文化色彩浓郁，特色种植业比较发达。因此在未来发展中，茂县应重点发展民族特色鲜明的羌族文化旅游业，利用独特的气候条件，打造水果、花卉、中药材等特色种植基地和养殖业基地，促进乡村振兴发展。

（31）小金县

小金县乡村地域功能定位结果是弱综合功能区。小金县地貌以高山峡谷为主，县内旅游资源丰富，藏族文化色彩浓郁，特色种植业、养殖业比较发达，但小金县社会经济发展水平总体相对较低。因此在未来发展中，小金县应重点发展民族特色鲜明的藏族文化旅游业，利用独特的气候条件，打造高原特色农牧业产业发展体系，促进当地经济和民生可持续发展。

（32）理县

理县乡村地域功能定位结果是弱综合功能区。理县地貌以高山峡谷为主，该县旅游资源优势比较大，既有风景秀丽的自然生态景观，又有体现古羌文化和嘉绒藏族文化的人文景观，还有集休闲、度假、疗养、保健于一体的温泉资源，旅游业发展空间比较大，但理县社会经济发展水平总体相对较低。未来发展中，理县应重点发展民族特色鲜明的民族文化旅游业；利用独特的高原气候条件，推进河谷农业旅游业融合、高半山生态农业以及高原特色畜牧业，从而带动当地经济发展和乡村振兴。

（33）黑水县

黑水县乡村地域功能定位结果是弱综合功能区。黑水县地势由西北向东南倾斜，平均海拔 3544 米，境内群山屹立，雪峰对峙，河谷深切。黑水县旅游资源优势较大，自然景观独特，红色文化厚重悲壮，旅游业发展空间较大；畜牧业也较发达。但黑水县社会经济发展水平总体相对较低，存在基础设施较差，农村人口文化水平较低、发展意识不强，公共服务水平不高等不足。在未来发展中，黑水县应加强各类基础设施建设；提高医疗与教育水平，推进农村文化建设，提高乡村人口的文化素质；利用独特的高原气候条件，发展特色种植业和高原特色畜牧业；依托优良的自然生态和深厚的民族文化资源，发展生态、民俗、红色和休闲旅游产业。

（34）松潘县

松潘县乡村地域功能定位结果是弱综合功能区。松潘县畜牧业和旅游业较发达，社会经济发展水平相对较低。松潘县旅游资源优势较大，自然景观独特，历史文化厚重，拥有黄龙风景名胜区、牟尼沟风景区、松潘古城等名胜风景区，旅游业发展空间较大。未来发展中，松潘县应注重环境保护，做好退牧还草工作，加强农业资源和牧业资源的保护，积极推进草原畜牧业发展方式的转变，不断突破发展要素和瓶颈制约，努力把生态优势转化为经济优势，把环境资源转化为生产资源。

（35）九寨沟县

九寨沟县乡村地域功能定位结果是弱综合功能区。九寨沟县畜牧业和旅游业较发达，社会经济发展水平相对较低。九寨沟县拥有九寨沟风景名胜区，旅游业发展空间较大。未来发展中，九寨沟县应立足本县优越的自然环境，做好农业资源和牧业资源的保护工作；依托旅游业发达的特点，以旅游消费和城乡消费为向导，积极推进旅游业发展；同时还应稳定耕地资源，促进粮食生产。

（36）雨城区

雨城区乡村地域功能定位结果是生产-生活功能区。生活功能与经济发展功能是其主导功能，农业生产功能是其障碍功能。雨城区隶属雅安市，是雅安市的主城区，基础设施完善，生活保障能力强。雨城区地形以中低山为主，中低山占全区总面积的91%，耕地资源稀缺，农业生产功能较弱，区内的第三产业较发达。在未来发展中，雨城区应持续招商引资，争取在现有的经济基础上再创新高；对农业用地进行合理的规划，利用自身主城区的优势，打造以茶叶和韵竹为主题的农业风景线，发展观光农业和休闲旅游业。

（37）名山区

名山区乡村地域功能定位结果是生产-生态功能区。农业生产功能和生态保育功能是其主导功能。名山区隶属雅安市，是世界茶文化的发源地，茶业是名山区农业经济发展的首选产业。在未来发展中，名山区应坚定不移地继续发展茶产业，在现有经营模式上不断创新，如建设茶叶与名贵树木混种的生态茶园。注重经济发展的同时，也不应忽略环境问题，关注农业生产中土壤肥力下降和农药残留问题，大力发展生态产业，以生态农业带动其他产业的发展。

（38）荥经县

荥经县乡村地域功能定位结果是弱综合功能区。生态保育功能是其主导功能，经济发展功能相对较弱。荥经县基础产业薄弱，产业结构单一，经济发展较差，但生态环境良好。荥经县旅游资源丰富，传统文化深厚。在未来发展中，荥经县应大力发展以牛背山景区、龙苍沟森林公园、黑砂文化、严道古城遗址等为代表的生态文化旅游产业；依托荥经县优质生态和"高山有机茶、生态果蔬林竹、特色中药材"三条特色产业环线，大力培育发展乡村旅游康养，促进农民增收。

（39）汉源县

汉源县乡村地域功能定位结果是生态-生产功能区。生态保育功能是其主导功能，生活保障功能相对较弱。花椒产业为汉源县的特色产业，也是经济发展的支柱产业。在未来发展中，汉源县应发挥产业优势，加强花椒品种选育，提升花椒品质，发展以花椒为中心的调味品生产产业，做好花椒"一条龙"式产业链。另外，汉源县阳光充沛、空气清新、气温适宜，生态康养指数上乘，是极佳的康养胜地。汉源县应将康养与特色农业、温泉、民宿等融合发展，建设采摘体验园、精品主题民宿、中医理疗养生等基地，打造森林禅修、森林营地、森林研学等康养新模式。

（40）石棉县

石棉县乡村地域功能定位结果是生活功能单功能区。生活功能是其主导功能，农业生产功能是其障碍功能。水电产业是石棉县龙头产业，也是对当地经济贡献率最高的产业，但第一、三产业发展相对滞后，经济发展总体相对薄弱。在未来发展中，石棉县应优化产业结构，在发展优势产业的同时，加快其他产业的协调发展；以水电工业为主，注重绿色可持续发展，同时加快农业发展，完善基础建设，打造生态旅游业。

（41）天全县

天全县乡村地域功能定位结果是生态功能主导区。天全县生态环境优越，但经济相对薄弱。天全县竹业资源丰富，因此在未来发展中，天全县应扩大竹林种植基地面积，选育优良竹种；做好生态文化、文学创作和影视拍摄等多领域发展规划；同时利用地理优势发展旅游业，打造喇叭河旅游景区，实现"旅游兴县"。

（42）芦山县

芦山县乡村地域功能定位结果是生态保育功能主导、生活保障功能障碍。在未来发展中，芦山县应依靠其生态环境优势，发展以中药材、猕猴桃和茶叶种植为中心的农业生产，实现南北部农业协调发展；发展生态旅游产业，推动芦山县文化交流与传播。

（43）宝兴县

宝兴县乡村地域功能定位结果是生产-生态功能区。农业生产功能是其主导功能，经济生产功能是其障碍功能。宝兴县的地理环境优越，植被资源丰富。在未来发展中，宝兴县应坚持枇杷、中药材、食用菌等特色农作物的种植生产，根据不同作物的生长习性确定不同地区的主导作物，因地制宜；利用天然草场发展畜牧养殖业，同时发展农产品精细化加工产业，增大牦牛肉、中草药等农产品的市场影响力，提高农产品的经济效益；宝兴县是大熊猫之乡，"红色旅游"资源丰富，可以发展以"红色旅游"和大熊猫为主题的旅游产业，从而推动当地经济可持续发展和乡村振兴。

四　个体可持续发展对策

个体的可持续发展是一个多维度、全方位支撑发展的过程。自身动力、经济发展、社会保障、教育支持等都是对个体可持续发展有着直接或深远影响的重要因素。

（一）加强灾区群众的内生动力和自我"造血"功能

在抗震救灾、脱贫攻坚、防返贫、可持续发展的每个阶段，激发灾区群众的内生动力既是关键环节又是主要目的。如果群众自身没有积极进取、奋发向上和追求富裕的志气和勇气，即使依靠外力帮扶实现了脱贫，也很容易返贫，不仅不能保证脱贫成果，更不能实现可持续发展。

群众的内生动力，是指他们对"美好生活向往和追求"的意愿和能力。这种意愿和能力需要强大信念的支撑，完成由"被帮助"到"靠自己"的精神转变，有强烈的脱贫、防返贫和发展意愿，并且身体力行，有意识地提升自己获取生计资本的能力，包括提升自己的文化程度和技术水平等。

群众内生动力和自我"造血"能力的提升，尤其是灾区脱贫户和边缘易致贫户此方面能力的提升，是一个艰巨的任务、复杂的过程。因为他们虽然已经不存在绝对贫困问题，但很多脱贫户在抗震救灾、灾后重建和脱贫攻坚阶段在很大程度上依赖国家拨款、物资资助和外力帮扶，这些脱贫户和边缘易致贫户实现可持续发展的基础仍很薄弱，自主、自力的信心还不足。现阶段，对于这类群体，如果完全依靠"自我内省"和"自力更生"去提升他们的内生动力和自我"造血"功能，不是非常现实。这就需要国家和社会对他们给予持续的关注和帮助，在巩固脱贫攻坚、防返贫的实践中，继续采取扶志与扶智相结合的方式。

第一，帮助灾区群众把追求富裕的奋斗精神和志气立起来，坚定其勤劳致富的思想观念。通过多形式培育灾区群众的主体意识，增强群众自立自强的信心信念，持续激发他们的内生动力，使其坚决摒弃"等靠要"的落后思想观念。

第二，组织灾区群众开展实用性技术培训，培养和造就有较高素质、较高技能的新型劳动者。通过职业教育、技术培训等，提高灾区群众的知识技能、职业技能和技术素养，切实增强贫困群众自身"造血"机能，拓宽贫困群体增收渠道；同时，通过学习和培训的成效奖励机制，提高灾区群众接受教育和培训的积极性和能动性。

（二）加大灾区产业、技术及人才扶持力度，全力推进群众就业

第一，组织引导群众发展符合市场需求和当地资源条件的主导产业和村级集体经济，因地制宜，因地施材，不盲目跟风，着眼当地经济的长远发展；在营销方面强化市场导向，根据市场需求，进一步拓宽销售渠道，同时，通过政府采购和动员社会力量解决灾区产品营销问题，确保产品产得出、卖得好；大力发展劳动密集型产业、中小企业和服务业，通过优惠政策引导和鼓励城镇人才、资本、先进技术等生产要素流入农村；同时发挥城镇对农村发展的辐射和带动作用，促进农村富余劳动力和农村人口向城镇转移，实现生产要素在城乡之间双向自由流动。

第二，动员更多企业和社会力量参与灾区乡村振兴，为灾区贫困群众提供更多就业机会。企业作为经济主体，是一支非常重要的振兴乡村和防返贫力量。企业不仅可以为地震灾区营造市场氛围，带来资金、技术，而且可以给群众带来就业，帮助灾区群众改变传统观念的束缚和封闭状态，切实提高他们的自我发展能力，激发地震灾区的发展活力。如什邡市、北川县等不少区市县，通过政府和企业联系，对接收相对困难群体就业的爱心企业予以税收减免，充分调动企业接收相对困难群体的积极性。这种做法使政府受益、企业受益、群众受益，具有很强的推广性和示范性。

（三）继续强化灾区综合性社会保障，解决因病致贫、因病返贫突出难题

因病致贫、因病返贫是汶川地震灾区最突出的共性问题。但由于灾区自身经济能力的有限性，加之相对贫困群体自身工作能力和生活能力的脆弱性，面对这一突出难题，目前在没有外力支持和保障的情况下，仅依靠灾区地方政府和人民群众是很难彻底解决的。

目前灾区的做法主要是以上级部门相关政策和资金为依托，县级和各乡镇依据政策分发资金、督促落实。因为有政策依据，最重要的是有资金保障，这种帮扶措施很容易就见到成效，群众满意度非常高。通过在地震灾区的深度访谈得知，在抗震救灾和扶贫攻坚中，群众认可度最高、成效最显著的帮扶措施除了大规模的基础设施修建之外，就是医疗救助、教育帮扶等民生工程。因此，在脱贫攻坚完成之

后的过渡时期乃至之后的一段时间内，中央和省市级政府部门对灾区持续帮扶的政策支持和社会保障资金的援助，是帮助灾区群众应对因病致贫、因病返贫这个最大关隘的有力对策。

地震灾区应进一步健全完善健康扶贫防返贫工作机制。首先，进一步完善并落实新型农村合作医疗、大病救助、民政医疗救助、补充商业保险四重保障制度，减轻大部分群众因病致贫、因病返贫问题。其次，积极推进医疗保障改革，把大病保险制度向脱贫不稳定户、边缘易致贫户、特别困难户等特殊人群倾斜，降低大病保险准入门槛，扩大医疗报销病种范围，提高实际报销比例，实行分类救治和先治疗后付款的结算制度，并简化大病保险报销流程和手续，等等。再次，积极引导和帮助因病致贫、因病返贫群众参加养老保险。对因病致贫、因病返贫等困难群众，由政府代缴最低标准养老保险费，加快城乡一体化社会保障建设，解决这类特殊困难群体年老之后的后顾之忧。最后，继续把那些因病、因残、因灾、因意外事故丧失劳动能力的严重困难群众纳入社会救济的范围，制订"托底扶贫"方案；对一些特困人员，实行集中供养和分散供养，并适时提高供养标准，加大对这类特殊困难群体的兜底保障力度。

（四）教育是灾区群众防返贫、实现可持续发展的根本之道

在生产力诸要素中，人是最根本的起决定性作用的要素。劳动者素质和技能水平决定生产力的发展水平，能够从根本上影响社会的进步。太多的案例证明，贫困家庭中的孩子，通过接受良好的教育，掌握必要的劳动技能，接受开放、主流价值观念的熏陶，不仅可以改变自己的命运，而且可以带动一个家庭积极向上的流动。所以，教育是根治贫穷的最有效良方。

首先，汶川地震灾区各级政府要高度重视发展教育事业，从资金、人力、物力等方面，给予贫困地区充分的教育保障和支持，努力提高适龄儿童的入学率，有效控制流失率，防止因贫失学辍学，真正将义务教育落到实处。其次，应鼓励志愿者人才到地震灾区进行教育服务；健全法律保障，在教育人才吸纳、教育发展、教育捐资投资等各个方面加强立法规范，确保相关优惠政策有效实施。最后，在高等教育方面，继续加大对汶川地震灾区的政策倾斜，增加大学生定向培养的数量；国家批准成立或大力扶持面向汶川地震灾区相对贫困地区的更多职业技术高等学校；鼓励企业、组织和个人给地震灾区教育捐资投资，兴办教育尤其是民办高等教育；等等。

五　其他返贫风险防范与可持续发展对策

（一）创造更好条件，进一步扩大招商引资

基于汶川地震灾区乡村企业数量太少、带动辐射能力不强的现实状况，各区市县应在招商引资优惠政策和制度保障方面下足功夫，创造更好的软硬件条件，吸引更多的企业在灾区扎根。同时加强媒体宣传，把当地的优势资源推广出去，增加投资方的了解和投资建厂意向。

（二）积极探索和推广电商帮扶模式

通过网络平台，打通供销渠道。农村电商的快速发展，既帮助了大量的农村青年、返乡农民工和留守妇女实现就地就业，又促进了农业产业规模化、集约化、标准化、品牌化的转型调整和提质增效。[1]汶川地震灾区不少地方构建了电商平台，也有不少电商入驻，但相对落后的基础设施、比较慢的网络传输速度，导致电商数量不多，营销成效受到一定影响；并且电商主要集中于乡镇一级，很多偏远山村没有条件利用电商实现产品与外界的便捷来往。基于此，政府应继续加大对灾区相对偏远地区的基础设施建设力度，创造更好的软硬件设施；继续推动电子商务进农村综合示范建设，继续做好与县域商业的

---

① 《2016年上半年四川农村经济平稳发展》，《四川省统计统计信息》2016年8月15日。

有机衔接，整合资源，推动打造县、乡、村三级电商物流体系；抓好农村电商人才培训，进一步助推工业消费品"下沉"和农产品"上行"，为巩固拓展脱贫攻坚成果和推进乡村振兴提供有力支撑。

（三）继续开展扶智扶志、文化帮扶行动

第一，融文化教育于防返贫实践中，潜移默化地改变部分群众狭隘落后的思想观念。文化娱乐生活是衡量群众生活质量的重要方面，基于此，地震灾区基层政府应该经常性地组织开展一些群体性活动，比如动员和组织村民参与村道、农田水利、村容村貌等基础设施建设和村庄环境整治、开展劳动技能大赛，以及开展形式多样的文化娱乐、体育活动等，通过集体活动提升相对贫困群众的自我认同感和集体归属感，从而帮助他们在思想上改变狭隘落后的思想观念，真正融入大集体中，与其他群众一起实现共同富裕。

第二，落实文化帮扶政策，帮助相对贫困群众树立争先创优意识。包括汶川地震灾区在内的相对贫困群体，其文化素质普遍比较低，观念落后。要从根本上使这部分群体不返贫和实现可持续发展，关键环节在于灾区各区市县要通过先进文化的教育和熏陶，教育相对贫困群众掌握一定的文化知识和劳动技能，并引导他们弘扬汶川特大地震抗震救灾精神，发扬灾后重建时灾区群众"流自己的汗，吃自己的饭，自己的事情自己干"的优良作风，帮助他们树立劳动光荣、奋斗幸福的观念，增强过上幸福日子、实现共同富裕的信心，充分激发他们的内生动力，使其通过自身努力改变相对落后的面貌。

第三，开展文明教化活动，全面提升群众的文明素养。文明素养是我国的传统美德，一个地方的集体文明素养是检验这个地方文明程度的标准之一。在汶川地震灾区开展文明教化活动，全面提升灾区群众的文明素养，关系地震灾区的可持续发展和乡村振兴战略的实现，关系地震灾区共同富裕的实现。灾区各级政府应更加坚持系统观念，更加注重整体布局，体现文明教化活动的社会性、公共性和现代性。

用劳动模范、先进典型、道德故事等传播榜样力量，引导群众自觉践行社会主义核心价值观，争做勤劳致富、高尚道德情操和社会风尚的践行者。例如，汶川县在全县开展了"文明四风"建设，即以"培育淳善家风、塑造良好校风、构建和谐民风、塑造清廉政风"为内容的"文明家风、校风、民风、政风"建设，以及"感恩党、感恩祖国、感恩手足之情"的"三恩"教育，这类文明素养提升系列活动，不断深化了对当地人民群众的教育引导、实践养成和管理规范，对于全面提高灾区人民群众思想觉悟、道德水平和当地的社会文明程度具有非常重要的现实意义，很值得其他地震灾区推广。

（四）创新社会治理新格局

从行为心理学上讲，得到别人的肯定和欣赏是一个正强化的过程，它可以使人提高自尊自信，更加认可自己的行为；批评或被边缘化是负强化的过程，它可以降低人们对某事物的积极度。所以，在日常工作和生活中，要经常肯定人的优秀之处而不是批评人的不足之处，目的就是让正当和积极的行为得到强化。汶川地震灾区地方政府在帮扶相对贫困群众的同时，也应特别注意方式方法，不能一味放大对方是弱者的地位和身份，而应积极调动相对贫困群众的内在潜力，充分发挥这部分群体的积极性和创造性，充分尊重他们的意愿。在灾区振兴发展过程中，对涉及民众生命安全和切身利益的事项，比如开展灾害风险隐患排查、社会治安维稳、保障基层群众权益等方面，让相对贫困群众积极参与其中，充分发挥他们的积极性和主动性，增强他们的主人翁意识和责任担当精神，提升他们参与社会共建共治共享的能力，形成全员、全域、功能化、精细化的社会治理新格局。

（五）持续保护和传承好少数民族文化

汶川地震灾区位于藏、羌、回、汉各族人民交汇融合的地带。汶川地震灾区群众的返贫风险防范，从某种意义上说，主要是少数民族群众的返贫风险防范；汶川地震灾区可持续发展，从某种意义上说，主要是少数民族地区的可持续发展。少数民族文化承载着少数民族群众的宗教、信仰和风俗习惯，是他们的"根"和"魂"，是支撑少数民族经济发展、推动发展振兴的重要力量。重视少数民族文化遗产的保护传承，是推动少数民族群众和少数民族地区经济振兴发展的迫切需要。

在抗震救灾和灾后重建过程中，党和国家特别重视少数民族文化的抢救工程，抢救灾区文物、文化典籍和非物质文化遗产，修复严重受损的少数民族文物、非物质文化遗产实物和资料，建立国家级少数民族文化生态保护实验区等。"比如，汶川县组织人力、物力、财力，在全国人民和广东省的援助下，全力抢救和保护历史文化遗产和非物质文化遗产，修复威州镇布瓦黄泥群碉、雁门乡萝卜寨历史文化名村村落、克枯古栈道等各类历史文物和文化遗产，2009 年成功地把'羌年'纳入联合国教科文组织急需报批的非物质文化遗产保护名录中，2011 年开设汶川博物馆并专设非物资文化遗产厅。北川县在2010 年建成规模宏大、特色鲜明的北川羌族民俗博物馆，成为典藏文物和传承羌族文化的重要场所。"① 在汶川地震灾区返贫风险防范和可持续发展过程中，保护和传承少数民族文化，更是一项着眼长远、维护民族团结和国家文化安全、实现少数民族地区振兴发展的重要举措。

---

① 顾林生、崔西孟：《汶川地震灾后重建发展的四川创新实践与中国方案》，《中国应急救援》2018 年第 4 期。

分析与讨论

（一） 汶川地震灾区群众的贫困主要表现为相对贫困

这主要是我国贫困界定标准不断提高导致的。1985 年，我国确定将人均年纯收入 200 元作为贫困线，此后根据物价指数，逐年微调。2008 年汶川地震发生时，我国的贫困标准是人均纯收入 1067 元；2009 年改为 1196 元；2011 年上调到 1500 元。2013 年后，每年都在上调，2014 年为 2300 元，2015 年为 2800 元，2016 年为 3100 元，2017 年为 3300 元。受贫困认定标准变化的影响，不少地方已经脱贫的民众，因标准的变化重新返贫，贫困发生率也随之升高。如 2000 ~ 2010 年，经过 10 年努力，四川省解决了 237.42 万绝对贫困人口的温饱问题；改善了 658.78 万低收入贫困人口的生产生活条件，提高了生活质量；贫困发生率从 2000 年的 15.22% 下降到 2010 年的 2.17%。[①] 但因标准的变化及其他特殊情况，四川省的贫困发生率又从 2010 年的 2.17% 上升到 2012 年的 11.5%、2014 年的 7.7%。[②] 即使到了 2017 年，贫困发生率仍保持在 2.7%。

在汶川地震灾区，贫困标准不断提高，导致贫困发生率上升、贫困人口增加的现象非常明显。但这是一种非常现象，这是我国经济社会不断发展、人民生活水平不断提高、社会不断进步的具体体现。并不能因为汶川地震灾区有大量的贫困人口和某种程度上的返贫现象，

---

① 四川省扶贫和移民工作局：《四川省情》2016 年第 8 期。
② 严文杰：《2 万亿到 3 万亿的新变化》，《四川省情》2016 年第 1 期。

就否定国家对抗震救灾、灾后重建以及灾区脱贫攻坚的坚定支持和巨大投入，更不能否定灾后重建和脱贫攻坚取得的伟大成果。

（二）由于脱贫攻坚战对汶川地震灾区群众返贫风险发生的抑制作用非常明显，故目前汶川地震灾区群众返贫现象并不突出

综合分析汶川地震灾区的致贫返贫因子发现，其他贫困地区和贫困群体致贫返贫的因素，比如自然条件差、经济基础薄弱、发展落后、群众受教育水平低、因病致贫返贫突出等，汶川地震灾区基本具备；其他贫困地区和贫困群体不具备的致贫返贫因素，汶川地震灾区则突出呈现，并且经常发生，比如重大自然灾害和次生灾害突发、频发。所以，汶川地震灾区的脱贫攻坚战比我国其他很多地方更艰巨。

国家和地方各级政府给予汶川地震灾区很多关注和支持，帮助其如期脱贫。但脱贫攻坚战结束之后，后扶贫时期的汶川地震灾区防返贫任务会比较艰巨，对此要有充分的思想准备，要继续以非常有力的举措坚决防止灾区群众群体性返贫。

（三）本课题研究视角独特，逻辑清晰，数据来源客观真实，研究方法科学，研究成果有比较强的现实针对性

本书在收集大量汶川地震灾区贫困人口数据的基础上，揭示了研究区贫困人口的基本特征，探究了诱发贫困的深层次原因，从区域和个体角度评估返贫风险的大小，并从乡村振兴的角度提出了地震灾区区市县和个体的可持续发展对策。此项系统研究，是相关研究领域的进一步拓展和研究内容的进一步深化。

研究方法上有创新和突破。将文献梳理、口述访谈、统计分析、地理信息系统和数学模型等方法综合运用，尤其是课题研究中的贫困区域特征分析，由于课题组成员运用地理学知识，采用地理空间分析方法，制作了大量非常直观、具有说服力的图表，将各类原始数据和数学模型分析的结果予以直观表达，便于读者阅读与理解，这是本书

的一个突出特点。

  由于学科背景及研究能力所限，在对汶川地震灾区相对贫困群体特征进行分析的时候，缺少定量分析，实证研究还不是很到位；另外，对策的提出相对宏观，缺少机制的详尽探讨和分析。以上研究过程中存在的不足之处，也是课题组在后续相关研究中予以重点突破的地方。

后　记

　　非常欣慰，经过 4 年多的努力，终于完成了书稿《返贫风险防范与可持续发展研究——以汶川地震灾区为例》，2018 年获批的教育部人文社会科学研究规划基金项目"汶川地震灾区群众返贫风险防范与可持续发展研究"得以成功结题。

　　本书得益于何云庵老师领衔的四川省哲学社会科学规划重大项目和国家社会科学基金重大招标项目"汶川特大地震抗震救灾精神口述史挖掘、整理与研究"。笔者有幸作为重大项目研究团队的成员，从 2016 年就开始在汶川地震灾区进行"抗震救灾精神口述史"访谈。在访谈过程中，笔者了解到汶川地震灾区部分群众还存在生活困难以及有可能返贫的现实问题。这一现实问题致使笔者萌生了要对相关问题进行学术研究的想法。经过对课题的认真设计和充分论证，终于在 2018 年获得了教育部人文社会科学研究规划基金项目。在此，感谢何云庵老师重大招标项目给予的机会，感谢教育部社会科学司的大力资助，感谢胡子祥老师在课题申报中提供的帮助和指导。

　　在课题研究过程中，研究团队遇到数据采集、社会调研、人员访谈、分析论证等诸多困难，非常庆幸得到众多志同道合的同事、朋友、爱心人士的大力支持和帮助。感谢在数据采集方面提供帮助的汶川县、茂县、什邡市等地民政局领导和相关工作人员；感谢在社会调研方面提供帮助的团队成员和接受调研访谈的地震灾区各单位及干部群众；感谢帮助笔者收集数据资料的贺雅鑫同学；感谢提供大量数据分析和图表制作的汤家法老师和他的学生们。

　　最后，还要特别感谢在著作出版方面提供资助的教育部高校思想政治工作队伍培训研修中心（西南交通大学），感谢西南交通大学马克思主义学院。

张利民于成都

2023 年 8 月

图书在版编目（CIP）数据

返贫风险防范与可持续发展研究：以汶川地震灾区
为例 / 张利民著. -- 北京：社会科学文献出版社，
2023.9

ISBN 978-7-5228-2481-9

Ⅰ.①返… Ⅱ.①张… Ⅲ.①扶贫-研究-汶川县
Ⅳ.①F127.714

中国国家版本馆 CIP 数据核字（2023）第 170267 号

返贫风险防范与可持续发展研究
——以汶川地震灾区为例

著　　者 / 张利民

出 版 人 / 冀祥德
组稿编辑 / 任文武
责任编辑 / 郭　峰
责任印制 / 王京美

出　　版 / 社会科学文献出版社·城市和绿色发展分社（010）59367143
　　　　　　地址：北京市北三环中路甲 29 号院华龙大厦　邮编：100029
　　　　　　网址：www.ssap.com.cn
发　　行 / 社会科学文献出版社（010）59367028
印　　装 / 三河市东方印刷有限公司

规　　格 / 开　本：787mm × 1092mm　1/16
　　　　　　印　张：12　字　数：170 千字
版　　次 / 2023 年 9 月第 1 版　2023 年 9 月第 1 次印刷
书　　号 / ISBN 978-7-5228-2481-9
定　　价 / 88.00 元

读者服务电话：4008918866